Männer mit „Makel"

**Zeitgeschichte
im Gespräch
Band 25**

Herausgegeben vom
Institut für Zeitgeschichte

Redaktion:
Bernhard Gotto und Thomas Schlemmer

Männer mit „Makel"

Männlichkeiten und gesellschaftlicher
Wandel in der frühen Bundesrepublik

Herausgegeben von
Bernhard Gotto
und Elke Seefried

DE GRUYTER
OLDENBOURG

ISBN 978-3-11-045210-5
e-ISBN (PDF) 978-3-11-045480-2
e-ISBN (EPUB) 978-3-11-045235-8
ISSN 2190-2054

Library of Congress Cataloging-in-Publication Data
A CIP catalog record for this book has been applied for at the Library of Congress.

Bibliografische Information der Deutschen Nationalbibliothek
Die Deutsche Nationalbibliothek verzeichnet diese Publikation in der Deutschen
Nationalbibliografie; detaillierte bibliografische Daten sind im Internet über
http://dnb.dnb.de abrufbar.

© 2017 Walter de Gruyter GmbH, Berlin/Boston
Titelbild: Obdachloser vor der Auslage einer Konditorei (1950); Bundesarchiv
Bild 194-0208-02 (Fotograf: Hans Lachmann)
Einbandgestaltung: hauser lacour
Druck und Bindung: Hubert & Co. GmbH & Co. KG, Göttingen
♾ Gedruckt auf säurefreiem Papier
Printed in Germany

Inhalt

Bernhard Gotto und Elke Seefried
Von Männern und „Makeln"
Einleitende Überlegungen zur Gesellschaftsgeschichte der
Bundesrepublik in geschlechterhistorischer Perspektive 7

Sabine Schleiermacher
Restauration von Männlichkeit?
Zum Umgang mit Kriegsgeschädigten in der frühen
Bundesrepublik 24

Noyan Dinçkal
Remaskulinisierung durch Technik?
Rehabilitation und Kriegsbeschädigung in der westdeutschen
Nachkriegsgesellschaft 37

Sebastian Schlund
Kompensation des „Makels"?
Der organisierte Sport kriegsversehrter Männer in der
Bundesrepublik Deutschland 1950 bis 1968 49

Britta-Marie Schenk
Freie Männer?
Männlichkeitskonstruktionen von Hamburger Obdachlosen
in den 1950er Jahren. 62

Nadine Recktenwald
Der „Makel" als Protest
Geschlechtsidentitäten unter westdeutschen Gammlern 75

Michael Schwartz
Lebenssituationen homosexueller Männer im geteilten Berlin
1949 bis 1969 88

Benno Gammerl
Eine makellose Liebe?
Emotionale Praktiken und der homophile Kampf
um Anerkennung 104

Stefanie Coché
Gewalt und Arbeit
Zwei Indikatoren von (devianter) Männlichkeit in der
west- und ostdeutschen Nachkriegsgesellschaft 114

Friederike Brühöfener
Soldaten mit „Makel"?
Männlichkeit und Gesellschaft im Spiegel westdeutscher
Debatten über junge Soldaten in den Anfangsjahren der
Bundeswehr 127

Till van Rahden
Sanfte Vaterschaft und Demokratie in der frühen
Bundesrepublik 142

Abkürzungen 157

Autorinnen und Autoren 158

Bernhard Gotto und Elke Seefried
Von Männern und „Makeln"
Einleitende Überlegungen zur Gesellschaftsgeschichte der Bundesrepublik in geschlechterhistorischer Perspektive*

1. Männer mit „Makel"

Zeitgeschichte als Geschlechtergeschichte ist nach wie vor in doppelter Weise asymmetrisch: Während die Beschäftigung mit Männern als geschichtsträchtigen Personen eine ungebrochene Hochkonjunktur hat, fristen Männer als soziale Gruppe und als geschlechtliche Wesen historiografisch ein Schattendasein[1]. Bei Frauen verhält es sich (abgesehen von einzel- oder gruppenbiografischen Studien über NS-Täterinnen) umgekehrt: Biografien über Frauen, die Geschichte machten, sind deutlich seltener als Studien, die die spezifischen Lebensbedingungen, Erfahrungen und Rollenmuster von Frauen thematisieren.

Diese Defizite sind bemerkenswert, denn feministische und *queer theory*-Ansätze werden in der Geschichtswissenschaft seit nunmehr über drei Jahrzehnten rezipiert und angewendet[2]. Auch aus diesem

---
* Der Titel und der Anstoß, aus einer geschlechtergeschichtlichen Perspektive innovative Zugänge zur Gesellschafts- und Kulturgeschichte der Nachkriegszeit zu entwickeln, gehen auf unseren Kollegen Dr. Hans Woller zurück. Für seine inspirierende und freundschaftliche Begleitung bei der Fortentwicklung dieser Idee bedanken wir uns sehr herzlich. Ebenso danken wir Dr. des. Sandra Schmitt für ihre sachkundige und engagierte Mitarbeit.

[1] Vgl. Thomas Kühne (Hrsg.), Männergeschichte – Geschlechtergeschichte. Männlichkeit im Wandel der Moderne, Frankfurt a.M./New York 1996; Martin Lücke, Hegemonie und Hysterie. Perspektiven der Männlichkeitsgeschichte, in: NPL 54 (2009), S. 191–206; zur Bundesrepublik Julia Paulus/Eva-Maria Silies/Kerstin Wolff, Die Bundesrepublik aus geschlechterhistorischer Perspektive, in: dies. (Hrsg.), Zeitgeschichte als Geschlechtergeschichte. Neue Perspektiven auf die Bundesrepublik, Frankfurt a.M. 2012, S. 11–27; Karen Hagemann/Sonya Michel (Hrsg.), Gender and the Long Postwar: The United States and the Two Germanys, 1945–1989, Washington 2014.

[2] Vgl. für die Zeitgeschichtsforschung zuletzt Forschung im Queerformat. Aktuelle Beiträge der LSBTI*-, Queer- und Geschlechterforschung, hrsg. von der Bundesstiftung Magnus Hirschfeld, Bielefeld 2014; Michael Schwartz, Verfolgte Homosexuelle – oder Lebenssituationen von LSBT*QI*? Einführende Bemerkungen zu einem Forschungsfeld im Umbruch, in: ders. (Hrsg.), Homosexuelle im Nationalsozialismus. Neue Forschungsperspektiven zu Lebenssituationen

Grund ist es unbestritten, dass geschlechtliche Rollenmodelle und entsprechende Verhaltensnormen zentrale Bestandteile moderner politischer und sozialer Ordnungen darstellen[3]. Wie kaum ein anderer Faktor beeinflussen diese soziokulturellen Muster die individuellen Möglichkeiten der Lebensgestaltung. Doch nach wie vor wissen wir nur wenig Konkretes über die soziale Realität von Männern, die unter Konformitätsdruck standen, weil ihre vergeschlechtlichten Praxen den gesellschaftlich vorherrschenden Erwartungen nicht entsprachen, etwa hinsichtlich ihrer Sexualität, ihrer Leistungskraft oder -bereitschaft, ihrer körperlichen Erscheinung oder ihrer Soziabilität. Sie alle galten als Männer mit „Makel". Was einen „Makel" darstellte und was nicht, lag dabei im Auge des Betrachters. Es ist selbstverständlich nicht unsere Absicht, die Diffamierung bestimmter Männer durch die Wahl eines solchen Begriffes fortzuschreiben. Im Gegenteil: Mit der in Anführungszeichen gesetzten pejorativen Zuschreibungskategorie soll die Moralisierung von Alterität als sozialer Aushandlungsprozess kenntlich gemacht werden. Beteiligt waren daran nicht nur vermeintlich überlegene Männer (und Frauen), sondern auch die herabgewürdigten Männer selbst, die sich solchen Kategorisierungen widersetzten.

Darum legen die Beiträge in diesem Band einen besonderen Akzent auf ihre Wahrnehmungen, Selbstbehauptungsstrategien und Interventionen in Aushandlungsprozessen, anstatt solche Männer lediglich als Opfer von Stigmatisierung und Verfolgung zu beschreiben. Ziel ist es dabei, nach etwaigen Impulsen zu suchen, die von randständigen Männlichkeitsentwürfen ausgingen und auf die Geschlechterordnung insgesamt einwirkten. Mit besonderem Nachdruck stellt sich diese Frage für die ersten beiden Nachkriegsjahrzehnte, die in der Zeitgeschichtsforschung mittlerweile als formative Phase soziokultureller Umbrüche begriffen werden. Zu diesem insgesamt vernachlässigten Themenbereich hat das Institut für Zeitgeschichte 2015 einen Workshop veranstaltet, dessen Beiträge der vorliegende Band präsentiert.

---

von lesbischen, schwulen, bi-, trans- und intersexuellen Menschen 1933 bis 1945, München 2014, S. 11–17.
[3] Vgl. Ute Frevert, „Mann und Weib, und Weib und Mann". Geschlechter-Differenzen in der Moderne, Frankfurt a.M. 1995.

2. Männlichkeiten als mehrfach relationale Konfigurationen von Geschlechterpraxis

Die hier versammelten Analysen stützen sich auf die Konzeption von Männlichkeiten, die Raewyn Connell vor drei Jahrzehnten Jahren vorgelegt und seither mehrfach weiterentwickelt hat[4]. Ihr Ansatz hat sich aus zwei Gründen als bahnbrechend erwiesen: Erstens überwand er essenzialistische und normative Definitionen von Männlichkeit und ermöglichte dadurch die Historisierung der Kategorie Geschlecht. Zweitens geht er davon aus, dass unterschiedliche Formen männlicher Identitäten gleichzeitig existieren und zueinander in Beziehung treten. Vor allem diese beiden Elemente sind Vorzüge gegenüber alternativen Männlichkeitsmodellen wie etwa der Theorie „männlicher Herrschaft" von Pierre Bourdieu[5]. Ein dritter Grund macht das Konzept für eine zeitgeschichtliche Operationalisierung besonders nützlich: Connell fasst Männlichkeiten als „Prozesse der konfigurierenden Praxis in der Zeit, die ihren Ausgangspunkt in den Geschlechterstrukturen transformieren"[6]. Männlichkeiten sind demnach zwar durch historisch kontingente Normen präfiguriert, ihre konkreten Ausformungen entstehen allerdings erst durch die soziale Praxis, die ihrerseits wiederum die gesellschaftlich akzeptierten und geteilten Vorstellungen von Männlichkeiten verändern. Diese konstruktivistische und performative Auffassung entspricht dem *doing gender*-Postulat der *gender studies*; die entsprechende Analogie der *men studies* heißt *doing masculinity*[7].

Männlichkeiten sind in dieser Perspektive durch ein zweifaches Bezugssystem konturiert: Erstens entsteht männlich stets als komplementäre Formation zu weiblich, das heißt, jede Ausprägung von Normen, Selbstbildern und Performanzen ist in einer binären Geschlechteropposition skaliert. Dies zielt nicht auf eine natürliche, biologisch determinierte Zweipoligkeit der Geschlechter, sondern auf

---

[4] Vgl. Raewyn Connell, Masculinities, Berkeley 1995. Zur Genese und Fortentwicklung des Ansatzes Michael Meuser/Ursula Müller, Zum Geleit, in: Raewyn Connell, Der gemachte Mann. Konstruktion und Krise von Männlichkeiten, Wiesbaden 4., durchgesehene und erweiterte Aufl. 2015, S. 9–20.
[5] Vgl. Pierre Bourdieu, Die männliche Herrschaft, Frankfurt a.M. 2005; dazu Sylka Scholz, Männlichkeitssoziologie. Studien aus den sozialen Feldern Arbeit, Politik und Militär im vereinten Deutschland, Münster 2012, S. 29–32.
[6] Connell, Mann, S. 125.
[7] Vgl. Will Coleman, Doing Masculinity/Doing Theory, in: Jeff Hearn/David H.J. Morgan (Hrsg.), Men, Masculinities and Social Theory, London 1990, S. 186–202.

ein Bezugssystem für die Wahrnehmung, Bewertung und Ausübung sozialen Verhaltens von vergeschlechtlichten Akteurinnen und Akteuren[8]. Zweitens stehen mehrere Ausformungen von Männlichkeit untereinander in Konkurrenz. Beide Bezugsebenen sind hierarchisiert. Das Männlichkeitsmodell an der Spitze dieser Hierarchie bezeichnet Connell als hegemoniale Männlichkeit. Es vereint Eigenschaften, die im Vergleich zu anderen Männlichkeitsausprägungen das höchste Sozialprestige, die größten materiellen Gratifikationen und die Nutzung von politischen Machtressourcen ermöglichen. Dieser hegemonialen Männlichkeit sind alle Ausprägungen von Weiblichkeit untergeordnet, ebenso wie alle anderen Formen der Männlichkeit.

Neben Hegemonie und Unterordnung unterscheidet Connells Konzeption zwei weitere Relationstypen: Komplizenschaft und Marginalisierung. Mit Marginalisierung ist die Beziehung zwischen Männlichkeitsausformungen dominanter und untergeordneter rassischer und ethnischer Gruppen gemeint[9]. Komplizenschaft hingegen kennzeichnet Männlichkeitsentwürfe, die von den hegemonialen Merkmalen abweichen oder diese nicht in vollem Umfang aufweisen, aber dennoch von der „patriarchalischen Dividende" profitieren, also die soziokulturelle Vorrangstellung von Männern vor Frauen nutzen und stützen. Im Zentrum des Konzepts stehen mithin Relationstypen zwischen unterschiedlichen Ausformungen von Männlichkeiten; sie entstehen wesentlich durch das konkrete Handeln der Männer, und dieses wiederum ist eingebettet in einen historischen Wandel von Perzeptionen und Normen vergeschlechtlichten Agierens.

Damit ist der analytische Rahmen skizziert, an dem sich die hier versammelten Beiträge orientieren. Obwohl manche Anwendungen des Konzepts die Vorstellung einer hegemonialen Männlichkeit auf konkrete Merkmale verengt haben, bietet dieses Modell ein nützliches analytisches Werkzeug für empirische Untersuchungen[10]. Wolfgang

---

[8] Die insbesondere von Vertreterinnen und Vertretern der *queer theory* geäußerte Kritik an heteronormativen, bipolaren Geschlechtermodellen geht daher an Connells Ansatz vorbei. Vgl. Raewyn Connell/James W. Messerschmidt, Hegemonic Masculinity: Rethinking the Concept, in: Gender & Society 19 (2005), S. 829–859, hier S. 836f.
[9] Vgl. Connell, Mann, S. 133f. Heute hat sich für die Analyse der Wechselwirkung von sozialstratifikatorischen Merkmalen wie Ethnie, Geschlecht und Schichtzugehörigkeit der Begriff der Intersektionalität durchgesetzt.
[10] Vgl. Holger Brandes, Hegemonic Masculinities in East and West Germany (German Democratic Republic and Federal Republic of Germany), in: Men and

Schmales grundlegendes Werk über die Geschichte der Männlichkeit in Europa hat die theoretischen Prämissen Connells über die doppelte Relationalität von Männlichkeiten für den hier betrachteten Untersuchungszeitraum bestätigt[11].

Mit Hilfe dieses Instrumentariums ist es auch möglich, die Vorstellung einer „Krise" *der* Männlichkeit infolge des Zweiten Weltkriegs – darauf wird noch zurückzukommen sein – hinter sich zu lassen. Der Begriff Krise setzt einen statischen, kohärenten status quo ante voraus, der unvereinbar mit der Vorstellung von Männlichkeiten als Konfigurationen von Praxis im beständigen Wandel ist, zumal wenn man eine Vielzahl dieser Ausformungen voraussetzt, die zueinander in Konkurrenz treten[12]. Demgegenüber ist der Begriff überstrapaziert worden, so dass es kein Wunder ist, dass mittlerweile einige Geschlechterhistorikerinnen und Geschlechterhistoriker das gesamte Krisen-Paradigma als Beschreibungskategorie historischer Wirklichkeit ablehnen[13]. Wie dieser Wirklichkeit – mit allen Einschränkungen, die einer perspektivisch vielfach gebrochenen Rekonstruktion historischer Konstellationen von vornherein eignet – mit Blick auf die Männer mit „Makel" analytisch beizukommen ist, ist Gegenstand der folgenden Überlegungen.

3. Fragen und Untersuchungsfelder

Im Mittelpunkt der Beiträge steht die Konkurrenz unterschiedlicher Männlichkeitsentwürfe um kulturelle Hegemonie, symbolische Akzeptanz und materielle Teilhabe. Sie gehen von den Lebenswelten der Männer mit „Makel" aus, thematisieren die Prägekraft von Traditionen und neuen politischen Eingriffen, nehmen das gesellschaftliche Umfeld mit seinen Restriktionen und Toleranzräumen in den Blick. Das Hauptaugenmerk liegt aber auf den Handlungen und Sichtweisen der Männer selbst. Untersucht werden sollen deren Konfigurationen von Geschlechterpraxis auf drei analytischen Ebenen:

Masculinities 10 (2007), S. 178–196; Michael Meuser, Hegemoniale Männlichkeit – ein Auslaufmodell? Replik, in: Erwägen, Wissen, Ethik 21 (2010), S. 415–431.
[11] Vgl. Wolfgang Schmale, Geschichte der Männlichkeit in Europa (1450–2000), Wien 2003, S. 236 ff.
[12] Vgl. Connell, Mann, S. 138.
[13] Vgl. etwa Jürgen Martschukat/Olaf Stieglitz, Geschichte der Männlichkeiten, Frankfurt a.M./New York 2008, S. 68; Mary Louise Roberts, Beyond „Crisis" in Understanding Gender Transformations, in: Gender & History 28 (2016), S. 358–366; differenzierend Claudia Opitz-Belakhal, „Krise der Männlichkeit" – ein nützliches Konzept der Geschlechtergeschichte?, in: L'Homme 19 (2008) H. 2, S. 31–49.

Normen und Aushandlungsprozesse: Alle Ausformungen von Männlichkeit wurden an normativen Vorgaben gemessen, die männliche wie weibliche Rollenmodelle auf Staat und Gesellschaft bezogen. Solche Vorgaben schlugen sich, wie die Beiträge von Sabine Schleiermacher, Stefanie Coché und Friederike Brühöfener zeigen, direkt in Gesetzen und behördlichem Handeln nieder, doch sie wurden auch von gesellschaftlichen Akteuren mitformuliert und angewendet. Dabei gingen tradierte Zuschreibungen von sozialer Devianz direkt in die Konstruktion von unterdrückten Männlichkeiten ein, wie etwa das Beispiel der von Nadine Recktenwald untersuchten Gammler demonstriert. Die Akzeptanz und Reichweite geschlechtlich codierter sozialer Normen konnten dabei durchaus variieren: In bestimmten Milieus und Räumen wie den homosozialen Gemeinschaften des Versehrtensports oder am Arbeitsplatz konnten Kriegsversehrte ihren „Makel" durch Leistung oder Prothetik kompensieren, während sie anderenorts auf Barrieren stießen. Immer wieder ergaben sich unerwartete Überschneidungen mit hegemonialen Ansprüchen von Männlichkeitsvorstellungen, so dass in einigen Fällen komplizenhafte Männlichkeitsausprägungen entstanden.

Lebenswelten und Erfahrungen: Um die soziale Realität von Männern mit „Makel" zu rekonstruieren, muss zwischen verschiedenen Erfahrungsräumen differenziert werden. Britta-Marie Schenks Studie zu einem Obdachlosenheim belegt, dass pauschalierende Urteile über die Nichtsesshaften weit hinter der Vielfalt ihrer räumlich differenzierten Lebenswirklichkeiten zurückbleiben. Ähnlich traten einige junge Männer nur zu begrenzten Zeiten und an bestimmten Orten als Gammler in Erscheinung. Die Rückwirkungen von Diskriminierung auf Selbstwahrnehmung und -darstellung der Männer werden ebenso eruiert wie deren Reaktionen auf Integrationsangebote, für die der Versehrtensport und die von Noyan Dinçkal analysierte Prothetik gute Beispiele sind. Wie gingen die Männer mit Ausgrenzung und Repression um, und wo suchten und fanden sie Akzeptanz? Die beiden Beiträge über homosexuelle Männer von Benno Gammerl und Michael Schwartz zeigen, dass die Selbstbehauptungsstrategien weit über den Rückzug in Subkulturen hinausgingen[14]. Eine solche Möglichkeit bestand darin, pauschalen Vorurteilen und Abwertungsbegriffen Eigen-

---

[14] Vgl. dazu auch Robert G. Moeller, Private Acts, Public Anxieties: The Fight to Decriminalize Male Homosexuality in Postwar West Germany, in: Hagemann/Michel (Hrsg.), Gender, S. 321–342.

bezeichnungen wie Homophile und Differenzierungen entgegenzusetzen, oder aber eine abfällige Fremdbezeichnung wie Gammler positiv umzudeuten und mit Stolz zu tragen – eine Strategie, die auch die *gay pride*-Bewegung der 1970er Jahre verfolgte.

Performanz und Praxis: Zahlreiche Beiträge zeigen die immense Bedeutung von Binnendifferenzierungen in den Untersuchungsgruppen: Bei den Gammlern, den Obdachlosen, und auch den von Sebastian Schlund untersuchten kriegsbeschädigten Sportlern lassen sich Abstufungen von Sozialprestige nachweisen. In allen drei Fällen mischen sich die Relationstypen von Unterdrückung und Komplizenschaft, je nach dem jeweiligen Gegenüber der Männer. Zentral dabei ist die strategische Dimension von Selbstinszenierungen: Mit welchen Verstößen unterliefen die Akteure hegemoniale Normen und Geschlechterordnungen? Zahlreiche Gammler, einige Homosexuelle und Obdachlose deuteten ihre vermeintlichen „Makel" sogar in Vorzüge um. Außerdem richtet sich der Fokus auf Selbstorganisation und Kommunikationsstrategien der Männer: Die Beiträge untersuchen die visuellen Codes und symbolischen Praktiken der Männer, mit denen sie ihr Anders-Sein als eine akzeptable, ja als richtige Möglichkeit einer männlichen Selbstbeschreibung vermittelten.

Auch wenn aus heutiger Perspektive die Zuschreibung eines „Makels" ein schieferes Licht auf die Diskriminierenden denn auf die Herabgewürdigten wirft, ist es nicht das Ziel der Beiträge, den devianten Männern im Sinne einer Viktimisierung oder gar Heroisierung ein historiografisches Denkmal zu setzen. Vielmehr stellt sich die Frage, ob es ihnen gelang, vorherrschende Männlichkeitsvorstellungen zu erschüttern: Wie veränderten sich die Kriterien für hegemoniale Männlichkeit unter dem normativen Druck der alternativen Modelle?

4. Randständige Männlichkeiten und gesellschaftlicher Wandel

Ein Blick auf die Geschichte von Männern und Männlichkeiten kann, so unsere These, die Gesellschafts- und Kulturgeschichte der ersten Nachkriegsjahrzehnte neu perspektivieren. Verglichen mit dem Kenntnisstand zu Normierung und Erfahrung von weiblicher Identität[15] bil-

---

[15] Vgl. Hanna Schissler, „Normalization" as Project. Some Thoughts on Gender Relations in West Germany during the 1950s, in: dies. (Hrsg.), The Miracle Years. A Cultural History of West Germany, 1949–1968, Princeton/Oxford 2001,

det die Geschichte von Männern und Männlichkeiten ein weitgehendes Desiderat der Forschung zur frühen Bundesrepublik. Die wenigen Beiträge zum Thema wurden bislang von zwei miteinander verschränkten Interpretationsmustern dominiert.

Eine erste Deutung verweist auf eine Krise der Geschlechterordnungen und männlichen Identitäten. Zahllose deutsche Männer kehrten mit physischen oder psychischen Versehrungen aus dem Zweiten Weltkrieg zurück, während Frauen stärker als je zuvor berufstätig gewesen waren. Steigende Scheidungsraten, Beziehungen zwischen deutschen Frauen und Besatzungssoldaten und das Phänomen jugendlicher Rebellen (wie der „Halbstarken") in den 1950er Jahren hätten Sorgen verstärkt, der deutsche Mann sei geschwächt, die Männlichkeit in eine Krise geraten[16]. Eine zweite Lesart, mit dem Krisen-Narrativ verknüpft, erkennt eine Remaskulinisierung der westdeutschen Gesellschaft der 1950er Jahre. Konservative Intellektuelle und Politiker hätten die durch Weltkrieg und Umbruch wankende Geschlechterordnung zu stabilisieren versucht und damit männliche Autorität restauriert, die sich nun allerdings nicht mehr wie im NS-Regime mit einer militaristischen, sondern mit einer zivilen Männlichkeitskonstruktion verbunden habe[17].

Beide Interpretationen wurden von Geschlechterhistorikerinnen und -historikern kritisch reflektiert: Sie suggerierten *eine* kohärente Form von Männlichkeit[18] und unterschätzten die *gegenseitige* Beeinflussung von Geschlechtsidentitäten und Gesellschaftsordnung. Das Reden von einer Krise der Männlichkeit könne auch „männlicher Re-Souveränisierung" dienen, um den hegemonialen Status von Männlichkeit zu sichern[19]. Erfahrungsgeschichtlich angelegte Studien be-

---

S. 359–375; Elizabeth D. Heineman, What Difference Does a Husband Make? Women and Marital Status in Nazi and Postwar Germany, Berkeley u.a. 2003.

[16] Vgl. Uta G. Poiger, Krise der Männlichkeit. Remaskulinisierung in beiden deutschen Nachkriegsgesellschaften, in: Klaus Naumann (Hrsg.), Nachkrieg in Deutschland, Hamburg 2001, S. 227–263; Robert G. Moeller, „The Last Soldiers of the Great War" and Tales of Family Reunions in the Federal Republic of Germany, in: Signs. Journal of Women in Culture and Society 24 (1998), S. 129–145.

[17] Vgl. Poiger, Krise, S. 230; Robert G. Moeller, Heimkehr ins Vaterland: Die Remaskulinisierung Westdeutschlands in den fünfziger Jahren, in: MGZ 60 (2001), S. 403–436; Heide Fehrenbach, Rehabilitating Fatherland. Race and German Remasculinization, in: Signs. Journal of Women in Culture and Society 24 (1998), S. 107–127.

[18] Vgl. Martschukat/Stieglitz, Männlichkeiten, S. 68.

[19] Claudia Opitz-Belakhal/Christa Hämmerle, Editorial, in: L'Homme 19 (2008) H. 2, S. 7–10, hier S. 7; vgl. Opitz-Belakhal, Krise, S. 33f.

tonen denn auch stärker die Diversifizierung und den Wandel gleichzeitig existierender Männlichkeitsentwürfe[20]. Studien zu männlichen Randgruppen thematisierten bislang vor allem Kriegsheimkehrer[21], deviante Jugendliche[22] sowie Homosexuelle, wobei letztere insbesondere im Kontext von Diskriminierungs- und Verfolgungsmaßnahmen fokussiert wurden[23].

Die Beiträge dieses Bandes belegen einerseits, dass konsistente Elemente einer hegemonialen Männlichkeit in den 1950er und 1960er Jahren in der Tat weithin anerkannt waren. Als Elemente dessen schälen sich Leistungskraft beziehungsweise Erwerbstätigkeit, Heterosexualität, Soziabilität und patriarchale Autorität in der Familie heraus. Andererseits ist die Remaskulinisierungs-These zu differenzieren, weil hegemoniale Männlichkeitsvorstellungen eingeschränkte Räume sozialer Geltung besaßen und von konkurrierenden Verständnissen von Männlichkeit herausgefordert wurden.

Sabine Schleiermacher argumentiert, dass kriegsgeschädigte Männer sozialpolitisch und – im Zuge der Wiederbewaffnung – auch gesellschaftlich rehabilitiert wurden. Damit sollten tradierte geschlechtliche Rollenzuschreibungen des Mannes als Beschützer und Ernährer restauriert werden. Auch Noyan Dinçkal betont, dass sozialpolitische Maßnahmen der Rehabilitation für Kriegsgeschädigte eine ins Wanken geratene Geschlechterordnung mit dem Mann als Familienoberhaupt, Ernährer und Autorität stabilisieren sollten. Ebenso hatte

---

[20] Vgl. Bettina Joergens, Männlichkeiten. Deutsche Jungenschaft, CVJM und Naturfreundejugend in Minden 1945–1955, Potsdam 2005; Frank Biess, Männer des Wiederaufbaus – Wiederaufbau der Männer. Kriegsheimkehrer in Ost- und Westdeutschland, 1945–1955, in: Karen Hagemann/Stefanie Schüler-Springorum (Hrsg.), Heimat-Front. Militär und Geschlechterverhältnisse im Zeitalter der Weltkriege, Frankfurt a.M./New York 2002, S. 345–365.
[21] Vgl. ebenda; Svenja Goltermann, Die Gesellschaft der Überlebenden. Deutsche Kriegsheimkehrer und ihre Gewalterfahrungen im Zweiten Weltkrieg, München 2009.
[22] Vgl. Sebastian Kurme, Halbstarke. Jugendprotest in den 1950er Jahren in Deutschland und den USA, Frankfurt a.M./New York 2006; Uta G. Poiger, Jazz, Rock, and Rebels. Cold War Politics and American Culture in a Divided Germany, Berkeley u.a. 2000.
[23] Vgl. Andreas Pretzel/Volker Weiss (Hrsg.), Ohnmacht und Aufbegehren. Homosexuelle Männer in der frühen Bundesrepublik, Hamburg 2010; hingegen mit Blick auf die Heterogenität homosexueller Subkulturen Clayton Whisnant, Male Homosexuality in West Germany between Persecution and Freedom, 1945–69, Basingstoke 2012.

der Sport kriegsversehrter Männer, so Sebastian Schlund, der Kompensation körperlicher Beeinträchtigung und beruflichen Wiederbefähigung zu dienen und damit das hegemoniale Verständnis von Männlichkeit zu stützen. Zugleich arbeitet Schlund heraus, dass kriegsbeschädigte Männer sich selbst über den Sport ihrer Männlichkeit vergewisserten und eine militärisch anmutende Kameradschaftlichkeit pflegten, die zu einer Marginalisierung zivilbehinderter Männer führte.

Auch Britta-Marie Schenk verweist am Beispiel von Männern in einem Hamburger Obdachlosenheim auf eine Differenzierung und Hierarchisierung von Männlichkeitskonstruktionen in einem homosozialen Raum. Einerseits entsprachen die alleinstehenden, obdachlosen Männer nicht dem hegemonialen Verständnis des beruflich erfolgreichen Familienvaters. Andererseits deuten Selbstbilder und Selbstbehauptungsstrategien der Männer auf eigene, binnenhierarchisierte Männlichkeitskonstruktionen hin, die bestimmten Machtkonstellationen folgten und ein differenziertes Bild von Männlichkeit vermitteln, das nicht dem pauschalen Verständnis einer Remaskulinisierung entspricht. Ähnlich argumentiert Nadine Recktenwald. Am Beispiel von jugendlichen Gammlern in westdeutschen Großstädten der 1960er Jahre belegt sie, dass diese einerseits das tradierte Verständnis der Hegemonialstellung des Mannes herausforderten. Andererseits reproduzierten sie diese durch die Pflege heteronormativer Rollenmuster der Männer als Beschützer und Versorger gegenüber ihren Gefährtinnen. Im Gegensatz zu den Obdachlosen kultivierten die Gammler jedoch ihren Nonkonformismus in der Öffentlichkeit durch demonstratives Nichtstun und Konsumverweigerung.

Der Beitrag von Stefanie Coché bestätigt hingegen stärker die Geltungskraft hegemonialer Männlichkeit der 1950er Jahre. Sie beleuchtet Konstruktionen von devianter Männlichkeit und die psychiatrische Einweisungspraxis in der west- und ostdeutschen Nachkriegsgesellschaft. Die Autorin verdeutlicht, dass Gewalt und fehlende Leistungs- und Arbeitsfähigkeit als Indikatoren von Krankheit galten.

Auf die Wirkmächtigkeit hegemonialer Männlichkeitsvorstellungen und ihre Infragestellung verweist Friederike Brühöfener in ihrem Beitrag zu Führungs- und Erziehungsidealen in der jungen Bundeswehr. In Zirkeln des Verteidigungsministeriums und Teilen der Öffentlichkeit dominierte demnach ein patriarchalisches und auf Soziabilität zielendes Familien- und Männlichkeitsideal, das sich vom nationalsozialistischen Verständnis absetzte, indem es den Staatsbürger in Uniform zum Ideal erklärte. Zugleich tradierte dieses mit der Hochschätzung des Disziplinarischen Elemente einer militaristischen Männlichkeit. In der öffentlichen Diskussion stellte dieses Bild besonders die politische Linke in Frage.

Ebenso demonstriert Till van Rahden, dass in konfessionell und kirchlich geprägten Verbänden und Zeitschriften und im Kreis zugehöriger Familienexperten Entwürfe einer sanften, liebevollen und explizit nicht-militaristischen Vaterschaft zirkulierten. Diese konkurrierten mit dem hegemonialen Bild patriarchaler Autorität in der Familie, welches sich aber ebenfalls von strikt hierarchischen und militaristischen Männlichkeitsidealen der Zeit vor 1945 gelöst hatte.

Mithin ist die Remaskulinisierungs-These stark zu differenzieren. Darüber hinaus lassen sich mit den vorliegenden Beiträgen große Narrative zur Gesellschafts- und Kulturgeschichte der frühen Bundesrepublik prüfen und nuancieren. Dies gilt erstens für das Interpretament einer „Modernisierung im Wiederaufbau". Demnach hätten sich in den 1950er Jahren „überkommene schichten- und klassengebundene Lebensstile und Traditionen" abgeschwächt; mit der veränderten Sozialstruktur, dem wirtschaftlichen Aufschwung und der technisch-infrastrukturellen Entwicklung habe eine Modernisierung unter konservativen Vorzeichen eingesetzt. Erst im letzten Drittel der 1950er Jahre sei eine Zeit der relativen sozialhistorischen Einheit seit dem Kaiserreich zu Ende gegangen, weil nun die westdeutsche Wohlstands- und Konsumgesellschaft entstanden, der Sozialstaat ausgebaut und die ästhetische Moderne angenommen worden sei[24].

Die Beiträge dieses Bandes zeigen die Schattenseiten des sogenannten Wirtschaftswunders, weil Männer aus vielerlei Gründen nicht in die Wohlstands-, Konsum- und Vollbeschäftigungsgesellschaft fanden oder finden wollten. Zugleich hielten soziale Ausgrenzung und gesetzliche Verfolgung nonkonformer Männer bis Ende der 1960er Jahre an, ja wuchs teilweise der Anpassungsdruck um 1960. Benno Gammerl beleuchtet die emotionalen Praktiken von Homophilen und zeigt, dass gesellschaftliche Normen und staatliche Verfolgung oft zu einem Doppelleben führten. Michael Schwartz argumentiert, dass

---

[24] Vgl. Arnold Sywottek, Wege in die 50er Jahre, in: Axel Schildt/Arnold Sywottek (Hrsg.), Modernisierung im Wiederaufbau. Die westdeutsche Gesellschaft der 50er Jahre, Bonn 1993, S. 13–39; das Zitat S. 18.

Homosexuelle in der unter Viermächte-Verwaltung stehenden Stadt Berlin Entfaltungsräume fanden, ja im West-Berlin der frühen 1950er Jahre teilweise unbehelligt ihre Homosexualität leben konnten, ehe sie ein gesellschaftlicher und politischer Druck zur Normalisierung erneut stigmatisierte. Dies galt auch für Ost-Berlin, wo nach dem Mauerbau die staatliche Repression gegen Homosexuelle zunahm und die Verbindungen zwischen den Homosexuellen beider Stadtteile größtenteils abrissen. Der Blick auf randständige Männer relativiert damit die These einer sozialgeschichtlichen Zäsur des letzten Drittels der 1950er Jahre.

Zweitens lässt sich das Deutungsmuster einer Liberalisierung und Pluralisierung von kulturellen Orientierungen, Werten, Lebensweisen und -normen heranziehen. Demnach hätten Anfang der 1950er Jahre Bemühungen dominiert, „tradierte Normen im Bereich der privaten Lebensführung" zu reetablieren, die „sittliche Ordnung" zu sichern und sexuelle Libertinage zu verhindern. Erst in den „langen" 1960er Jahren seien traditionelle Normen und Orientierungen aufgebrochen worden, in einem Prozess der Liberalisierung, der vor allem generationell geprägt gewesen sei[25], und – ein Interpretationsmodell, das der soziologischen Forschung der 1970er Jahre entstammt – eines „Wertewandels". Im Zuge der Auflösung tradierter sozialmoralischer Milieus, einer Individualisierung und der Ausprägung einer Wohlstandsgesellschaft mit wachsenden postindustriellen Elementen seien Pflicht- und Akzeptanzwerte (wie Disziplin und Unterordnung) von Selbstentfaltungswerten (wie Emanzipation, Partizipation und Lebensqualität) überlagert worden. Diese „gravierende[n] Wandlungen in Bewußtseinslagen, Normen und Leitbildern" hätten zu einer Pluralisierung der Lebensstile und Privatheitsmuster in der bundesdeutschen Gesellschaft beigetragen[26].

Die Beiträge des Bandes deuten auf eine – wenngleich nicht immer sichtbare – Pluralität von männlichen Lebensentwürfen der 1950er

---

[25] Ulrich Herbert, Liberalisierung als Lernprozeß. Die Bundesrepublik in der deutschen Geschichte – eine Skizze, in: ders. (Hrsg.), Wandlungsprozesse in Westdeutschland. Belastung, Integration, Liberalisierung 1945–1980, Göttingen 2002, S. 7–49, hier S. 27; vgl. auch Detlef Siegfried, Time is on my side. Konsum und Politik in der westdeutschen Jugendkultur der 60er Jahre, Göttingen 2006, S. 209.
[26] Edgar Wolfrum, Die geglückte Demokratie. Geschichte der Bundesrepublik Deutschland von ihren Anfängen bis zur Gegenwart, Bonn 2007, S. 254; vgl. Siegfried, Time, S. 51–59; Anselm Doering-Manteuffel, Deutsche Zeitgeschichte nach 1945. Entwicklung und Problemlagen der historischen Forschung zur Nachkriegszeit, in: VfZ 41 (1993), S. 1–29, hier S. 1.

Jahre. Die Männer mit „Makel" stellten dem hegemonialen Verständnis eigene Männlichkeiten entgegen, indem sie Erwerbstätigkeit und Leistung ablehnten oder alternativen Vergemeinschaftungs- und familiären Rollenmodellen folgten. Die Pluralität von Lebensformen unterstreichen zudem die Beiträge zu Homophilen – auch wenn diese erst in den 1960er Jahren ihren Kampf um Anerkennung schrittweise in die Öffentlichkeit trugen – und zu Homosexuellen in Berlin, das seit Beginn des 20. Jahrhunderts zu den schwulen Metropolen mit ausgeprägten Szene- und Subkulturen zählte.

Eng mit dem Bild der Liberalisierung verbunden ist drittens das Deutungsmuster einer Demokratisierung. Demnach veränderten sich im Kontext des kulturellen Wandels auch politische Einstellungen verhältnismäßig spät. So hätten in den 1950er Jahren „autoritäre und vordemokratische Traditionen [...] beinahe überall fort[gewirkt]", auch „im Umgang mit Leben außerhalb der vermeintlichen Normalität"[27]. Erst zwischen den späten 1950er und frühen 1970er Jahren hätten sich politische Einstellungen hin zu „Partizipation, Pluralität und Abbau hierarchischer und autoritärer Strukturen"[28] geöffnet, sei ein Klima der Reformbereitschaft, einer kritischen Öffentlichkeit und des politischen Protests entstanden[29]. Die Beiträge des Bandes differenzieren dieses Bild. Die zirkulierenden Entwürfe einer sanften Vaterschaft waren Teil einer Suche nach einer neuen Form ziviler Demokratie bereits in den 1950er Jahren, und ebenso deutet die Diskussion um die Leitbilder des männlichen Soldaten darauf hin, dass die Gültigkeit hegemonialer hierarchischer Ordnungsmuster Mitte der 1950er Jahre abnahm[30].

[27] Paul Nolte, Was ist Demokratie? Geschichte und Gegenwart, München 2012, S. 335.
[28] Herbert, Liberalisierung, S. 12, vgl. S. 10; zum „Zuwachs an Pluralismus" Wolfrum, Demokratie, S. 241.
[29] Vgl. Axel Schildt, Materieller Wohlstand, pragmatische Politik, kulturelle Umbrüche. Die 1960er Jahre in der Bundesrepublik, in: ders./Detlef Siegfried/Karl Christian Lammers (Hrsg.), Dynamische Zeiten. Die 60er Jahre in den beiden deutschen Gesellschaften, Hamburg 2000, S. 21–53, insbesondere S. 36–52.
[30] Zur Differenz zwischen Forderungen nach umfassender Demokratisierung der 1960er Jahre und den langsameren geschlechterpolitischen Veränderungsprozessen auch Matthias Frese/Julia Paulus/Karl Teppe, Geschwindigkeiten und Faktoren des Wandels – die 1960er Jahre in der Bundesrepublik, in: dies. (Hrsg.), Demokratisierung und gesellschaftlicher Aufbruch. Die sechziger Jahre als Wendezeit der Bundesrepublik, Paderborn u.a. 2003, S. 1–23, hier S. 14.

5. Perspektiven

Diese Überlegungen lassen sich in zweierlei Hinsicht weiterverfolgen. Zum einen erscheint es als fruchtbare Aufgabe, die Konstruktion und Praxis hegemonialer und randständiger Männlichkeit in einen internationalen Kontext zu stellen. Dies betrifft die Verwurzelung der hegemonialen Männlichkeit in einem gemeinsamen westeuropäischen Entwicklungspfad der Moderne, der die funktional und normativ ausdifferenzierte bipolare Geschlechterordnung hervorbrachte. Daher liegt es nahe, nach transnationalen Konvergenzen auch für alternative Männlichkeitsausprägungen zu fragen. Dabei lässt sich vor allem auf jüngste Forschungen zur Geschichte von privaten Lebensformen und Sexualitäten Bezug nehmen, welche die europäischen Metropolen als Orte der Individualität und der Permissivität beschrieben[31]. Für die Nachkriegsjahrzehnte wären die Forschungen zur „Amerikanisierung" der bundesdeutschen Gesellschaft und einer kulturellen „Westernisierung" noch stärker mit einem geschlechterhistorischen Zugriff zu verknüpfen[32]. Umgekehrt gibt es Hinweise, dass Männlichkeitsideale in den staatssozialistischen Gesellschaften unter dem Einfluss einer „Sowjetisierung" systemtypische Akzentverschiebungen erfuhren. Allerdings ist umstritten, wie stark ausgeprägt sie waren. Sylka Scholz verweist auf ein hegemoniales Männlichkeitsverständnis in der DDR, das Leistungskraft, Heterosexualität und die Verbindung von Arbeit und Technik idealisierte. Die Differenz zur Bundesrepublik lag demnach in der proletarischen Aufladung von Männlichkeit im Arbeiter- und Bauernstaat[33]. Frank Biess argumentierte, die familiale

---

[31] Vgl. Frank Mort, Capital Affairs. London and the Making of the Permissive Society, New Haven 2010; Moritz Föllmer, Individuality and Modernity in Berlin. Self and Society from Weimar to the Wall, Cambridge 2013; François Buot, Gay Paris. Une histoire du Paris interlope entre 1900 et 1940, Paris 2013.

[32] Vgl. u.a. Kaspar Maase, BRAVO Amerika. Erkundungen zur Jugendkultur der Bundesrepublik in den fünfziger Jahren, Hamburg 1992; Heide Fehrenbach/Uta G. Poiger, Americanization Reconsidered, in: dies. (Hrsg.), Transactions, Transgressions, Transformations. American Culture in Western Europe and Japan, New York/Oxford 2000, S. XIII–XL; Anselm Doering-Manteuffel, Wie westlich sind die Deutschen? Amerikanisierung und Westernisierung im 20. Jahrhundert, Göttingen 1999.

[33] Vgl. Sylka Scholz, „Sozialistische Helden". Hegemoniale Männlichkeiten in der DDR, in: dies./Weertje Willms (Hrsg.), Postsozialistische Männlichkeiten in einer globalisierten Welt, Münster 2008, S. 11–35; Sylka Scholz, Vom starken Helden zum zärtlichen Vater? Männlichkeit und Emotionalität in der DDR, in:

Dimension sei in der staatssozialistischen Konstruktion von Männlichkeit weniger ausgeprägt gewesen als in Westdeutschland, während Arbeit in beiden Gesellschaften die Neukonstituierung männlicher Subjektivität geleitet habe[34]. Der Beitrag von Stefanie Coché in diesem Band deutet hingegen an, dass trotz der propagandistischen Aufwertung von Arbeit in der DDR im subjektiven Verständnis von Männlichkeit Leistungsfähigkeit keine zentrale Rolle spielte. Darüber hinaus sind im Weiteren blockübergreifende Kontakte und Verflechtungen zu prüfen, die Michael Schwartz in seinem Beitrag über West- und Ost-Berlin thematisiert.

Zum anderen ließen sich die Zäsuren in den Prozessen von Stabilisierung, Destabilisierung und Verschiebung von Männlichkeitsvorstellungen differenzieren. Wie oben ausgeführt, deutet sich an, dass das hegemoniale Männlichkeitsverständnis der 1950er und 1960er Jahre von konkurrierenden Männlichkeitskonstruktionen herausgefordert wurde, aber bis Ende der 1960er Jahre weithin anerkannt war. Allerdings veränderte sich der Kontext für die Kriterien hegemonialer Männlichkeit selbst. Besonders klar tritt dieser Wandel in den Familienstrukturen zutage. Die Kernfamilie aus Vater, Mutter und mehreren Kindern war bereits in den 1950er Jahren mehr ein normatives Ideal als der statistische Normalfall[35]. In zunehmendem Maße entzogen die Pluralisierung und Fragmentierung von Familienverhältnissen der männlichen Autoritätsposition die Grundlage, auch wenn familienrechtliche Konsequenzen zum Teil erst deutlich später folgten.

Eine phasenverschobene, aber nicht minder folgenreiche Umwälzung vollzog sich in der Bedeutung der Erwerbsarbeit. Ab der zweiten Hälfte der 1970er Jahre wurde Arbeitslosigkeit zu einer prägenden Dauererfahrung, die vor allem in den Zentren der alten Schwerindustrien zu einer „Krise der Kerle"[36] führte. Dies konvergiert mit Unter-

---

Manuel Borutta/Nina Verheyen (Hrsg.), Die Präsenz der Gefühle. Männlichkeit und Emotion in der Moderne, Frankfurt a.M. 2010, S. 203–228.
[34] Vgl. Biess, Männer, S. 355f. und S. 358.
[35] Vgl. Jack Goody, Geschichte der Familie, München 2002; für die Bundesrepublik Christiane Kuller, Familienpolitik im föderativen Sozialstaat. Die Formierung eines Politikfeldes in der Bundesrepublik 1949–1975, München 2004, S. 36–78, insbesondere S. 65f.
[36] Thomas Gesterkamp, Die Krise der Kerle. Männlicher Lebensstil und der Wandel der Arbeitsgesellschaft, Köln 2004; vgl. Thomas Raithel, Jugendarbeitslosigkeit in der Bundesrepublik. Entwicklung und Auseinandersetzung während der 1970er und 1980er Jahre, München 2012.

suchungen, die geschlechtsspezifische Rollenzuschreibungen und die Erwerbstätigkeit der Frau in den Blick nehmen und „mentale Veränderungen" in der Praxis der Geschlechterbeziehungen erst Mitte der 1970er Jahre verorten[37]. Der Wandel von Erwerbsbiografien schwächte im letzten Drittel des 20. Jahrhunderts Arbeit als Quelle für die identitäre Selbstvergewisserung von Männern tendenziell ab[38].

Die normative Geltungskraft von Heterosexualität für die hegemoniale Männlichkeit blieb dagegen vergleichsweise lange bestehen. Auch nach der Entkriminalisierung von Homosexualität waren Schwule gesellschaftlich stigmatisiert. Sichtbar wurde die Homophobie durch die Diskussion über die Immunschwächekrankheit Aids als „Schwulenseuche" in den 1980er Jahren, doch letztlich beförderten die Debatten die gesellschaftliche Normalisierung nonkonformer Lebensformen und Geschlechtsidentitäten[39].

Auch hinsichtlich der Soziabilität, verstanden als das Verhältnis des Einzelnen zum Gemeinwesen, veränderten sich Wahrnehmungen und Wertungen besonders stark im letzten Drittel des 20. Jahrhunderts. Zweifelsohne setzte hegemoniale Männlichkeit während der 1950er Jahre voraus, sich mit einer als Gemeinschaft verstandenen Gesellschaft zu identifizieren. Darin spiegelte sich die lange Tradition sozialharmonischer Ordnungsmodelle, die noch in der Nachkriegszeit nachwirkten[40]. Doch der Wert dieses Gleichklangs verminderte sich in

---

[37] Frese/Paulus/Teppe, Geschwindigkeiten, S. 14.

[38] Vgl. Andreas Wirsching, Erwerbsbiographien und Privatheitsformen: Die Entstandardisierung von Lebensläufen, in: ders./Thomas Raithel/Andreas Rödder (Hrsg.), Auf dem Weg in eine neue Moderne? Die Bundesrepublik in den siebziger und achtziger Jahren, München 2009, S. 83–97; Andreas Wirsching, Konsum statt Arbeit? Zum Wandel von Individualität in der modernen Massengesellschaft, in: VfZ 57 (2009), S. 171–199; kritisch hierzu Dietmar Süß/Winfried Süß, Zeitgeschichte der Arbeit: Beobachtungen und Perspektiven, in: Knud Andresen/Ursula Bitzegeio/Jürgen Mittag (Hrsg.), Nach dem Strukturbruch? Kontinuität und Wandel von Arbeitsbeziehungen und Arbeitswelt(en) seit den 1970er-Jahren, Bonn 2011, S. 345–365.

[39] Vgl. Andreas Pretzel/Volker Weiß (Hrsg.), Rosa Radikale. Die Schwulenbewegung der 1970er Jahre, Hamburg 2012; Magdalena Beljan, Rosa Zeiten? Eine Geschichte der Subjektivierung männlicher Homosexualität in den 1970er und 1980er Jahren der BRD, Bielefeld 2014.

[40] Vgl. Paul Nolte, Die Ordnung der Deutschen. Selbstentwurf und Selbstbeschreibung im 20. Jahrhundert, München 2000, S. 160ff., S. 386–390 und S. 407f.

dem Maße, in dem die Authentizität eines als unverwechselbar imaginierten Selbst eine normative Aufwertung erfuhr[41].

Es sind also deutliche Phasenverschiebungen bei den einzelnen Kriterien zu konstatieren, die die hegemoniale Männlichkeit der 1950er und 1960er Jahre bestimmten. An die Stelle einer klaren Zäsur tritt das Bild eines zerfaserten Endes der hegemonialen Männlichkeit, wie sie in den ersten beiden Nachkriegsjahren bestand. Ob sich daran aber das Zeitalter einer „polymorphen Männlichkeit"[42] anschloss, das keine hegemoniale Position im Gefüge pluraler Männlichkeiten mehr kannte, lässt sich bezweifeln. Plausibler erscheint die Annahme, dass sich neue Formen von hegemonialer Männlichkeit mit zum Teil ganz anderen Kriterien entwickelten. Ein Beispiel dafür wäre die „transnational business masculinity", die Connell zusammen mit Julian Wood 2005 beschrieb[43]. Diese Form hegemonialer Männlichkeit ist berechnend, egozentrisch, flexibel und kompetitiv; sie unterscheidet sich von traditionellen Männlichkeiten dadurch, dass sie auch homosexuellen Männern zugänglich ist. Anschlussfähig wäre dies an die in der Forschung breit diskutierte These, dass das Aufkommen eines globalen, digitalen Finanzmarktkapitalismus zu den Merkmalen eines umfassenden Strukturbruchs ab den 1970er Jahren zählte[44]. Ob sich daraus ganz neue Gruppen randständiger Männlichkeiten ableiten lassen, wäre dann nur eine von vielen spannenden Fragen, denen sich eine geschlechtergeschichtliche Perspektive auf die jüngste Zeitgeschichte stellen müsste.

---

[41] Vgl. u.a. Richard van Dülmen (Hrsg.), Entdeckung des Ich. Die Geschichte der Individualisierung vom Mittelalter bis zur Gegenwart, Köln 2001; Sven Reichardt, Authentizität und Gemeinschaft. Linksalternatives Leben in den siebziger und frühen achtziger Jahren, Frankfurt a.M. 2014; Pascal Eitler/Jens Elberfeld (Hrsg.), Zeitgeschichte des Selbst. Therapeutisierung, Politisierung, Emotionalisierung, Bielefeld 2015.
[42] Schmale, Geschichte, S. 267 ff.
[43] Vgl. Raewyn Connell/Julian Wood, Globalization and Business Masculinities, in: Men and Masculinities 7 (2005), S. 347–364.
[44] Vgl. Anselm Doering-Manteuffel/Lutz Raphael, Nach dem Boom. Perspektiven auf die Zeitgeschichte seit 1970, Göttingen ³2012, S. 98–102; Anselm Doering-Manteuffel, Die Vielfalt der Strukturbrüche und die Dynamik des Wandels in der Epoche nach dem Boom, in: Morten Reitmayer/Thomas Schlemmer (Hrsg.), Die Anfänge der Gegenwart. Umbrüche in Westeuropa nach dem Boom, München 2014, S. 133–145, hier S. 139–143.

Sabine Schleiermacher

Restauration von Männlichkeit?

Zum Umgang mit Kriegsgeschädigten in der frühen Bundesrepublik

1. Der geschädigte Mann nach dem Krieg

Der Historiker Frank Biess konstatierte 2002 eine „relative Abwesenheit des Krieges in der Historiographie zur Zeit nach 1945". Speziell die „sozialpolitische Integration von Problemgruppen wie Heimkehrern und Vertriebenen" ließen das erste Nachkriegsjahrzehnt „primär als radikale Umbruchsperiode [...], weniger als Nachgeschichte einer beispiellosen Kollektiverfahrung von Krieg, Gewalt und Massentod" erscheinen[1]. Kriegsgeschädigte[2] verkörperten diese Gewalt. Sie waren ein öffentlich sichtbares Memento an Gewalterfahrung, Krieg und Niederlage. Dabei vereinten Kriegsgeschädigte zweierlei Gewalterfahrungen in sich: einerseits ihre Erfahrung als ehemalige aktive Angehörige der Wehrmacht oder einer anderen militärischen Formation des Dritten Reichs, andererseits eine passive Gewalterfahrung als Geschädigte.

Die Nachkriegsgesellschaft war von einem „Stigma der Gewalt" geprägt[3]. Die implizite gesellschaftliche Auseinandersetzung mit kriegsbedingten Gewalterfahrungen konkretisierte sich auch in Männlichkeitsidealen. Ehemalige Wehrmachtssoldaten mussten in zivile männliche Staatsbürger transformiert werden, um als „funktionie-

---

[1] Frank Biess, Männer des Wiederaufbaus – Wiederaufbau der Männer. Kriegsheimkehrer in Ost- und Westdeutschland, 1945–1955, in: Karen Hagemann/Stefanie Schüler-Springorum (Hrsg.), Heimat-Front. Militär und Geschlechterverhältnisse im Zeitalter der Weltkriege, Frankfurt a.M./New York 2002, S. 345–365, hier S. 345.

[2] Durchgängig wird der Begriff „Kriegsgeschädigte" verwendet. Hiermit wird nicht nur der eher deskriptive Begriff „Schädigung" aufgenommen, sondern auch sowohl die ideologisierte Formulierung „Kriegs-Opfer", als auch die pejorative Formulierung „Beschädigte", im Sinne von defekt oder demoliert, als auch „Versehrter", im Sinne von Be-Hinderung, bewusst vermieden.

[3] Michael Geyer, Das Stigma der Gewalt und das Problem der nationalen Identität in Deutschland, in: Christian Jansen/Lutz Niethammer/Bernd Weisbrod (Hrsg.), Von der Aufgabe der Freiheit. Politische Verantwortung und bürgerliche Gesellschaft im 19. und 20. Jahrhundert. Festschrift für Hans Mommsen zum 5. November 1995, Berlin 1995, S. 673–698.

DOI 10.1515/9783110454802-002

rende Staatsbürger" den „sozialen und ideologischen Anforderungen des Wiederaufbaus" zu entsprechen[4]. Vor dem Hintergrund hegemonialer Männlichkeitsvorstellungen verwies die körperliche Schädigung auf eine defizitäre Männlichkeit, auf einen Männlichkeits-„Makel". Diesem „Makel" wurde unter Missachtung und mit dem Ziel der Verschleierung des Tat-Ergehens-Zusammenhangs, mit der Vorstellung kompensierend begegnet, Opfer des verlorenen Kriegs und nun auch alliierter Politik zu sein[5]. Während des Zweiten Weltkriegs waren circa 4,5 Millionen Soldaten (Heer, Luftwaffe, Marine, Waffen-SS) im Kriegseinsatz und 800.000 deutsche Zivilisten getötet worden. Über elf Millionen deutsche Soldaten befanden sich in 80 Staaten in Kriegsgefangenschaft. Die meisten von ihnen kehrten bis Ende 1946, die letzten 1955/56 zurück[6]. 1952 gab es in der Bundesrepublik und Berlin (West) nach Angaben des Bundesarbeitsministeriums 4,381 Millionen Versorgungsberechtigte, wovon 1,5 Millionen Kriegsgeschädigte waren[7]. Als Kriegsgeschädigte galten jene Personen, die durch Kriegshandlungen dauerhafte physische oder psychische Schädigungen erlitten hatten. Sie waren überwiegend männlich und hatten vor allem den militärischen Formationen des NS-Staats angehört. Bis zur Gründung der Bundesrepublik wurde diese Personengruppe nach den Regelungen des Besatzungsrechts versorgt. Mit Verabschiedung des „Gesetzes über die Versorgung der Opfer des Krieges" (Bundesversorgungsgesetz – BVG) im Jahr 1950 wurden die Versorgung und Rehabilitation von Kriegsgeschädigten in der Bundesrepublik neu geregelt und Maßnahmen zur Wiedererlangung der Arbeitsfähigkeit definiert sowie gesetzliche Voraussetzungen für die Kompensation wirtschaftlicher Folgen materieller wie körperlicher Schädigung durch den Krieg geschaffen.

---

[4] Frank Biess, „Russenknechte" und „Westagenten". Kriegsheimkehrer und die (De)legitimierung von Kriegsgefangenschaftserfahrungen in Ost- und Westdeutschland nach 1945, in: Klaus Naumann (Hrsg.), Nachkrieg in Deutschland, Hamburg 2001, S. 59–89, hier S. 60.
[5] Vgl. Thomas Kühne, Zwischen Vernichtungskrieg und Freizeitgesellschaft. Die Veteranenkultur der Bundesrepublik (1945–1995), in: Naumann (Hrsg.), Nachkrieg, S. 90–113, hier S. 100.
[6] Vgl. Nachkriegsjahre 1945–1949. Pädagogische Handreichung, hrsg. vom Volksbund deutscher Kriegsgräberfürsorge e.V., Landesverband Bayern, München 2006, S. 15.
[7] Vgl. Personalstand in den Versorgungsdienststellen und Stand der Kriegs- und Wehrdienstopferversorgung, in: Der Versorgungsbeamte 17 (1966) H. 10, hier S. 110f.

Das Bundesversorgungsgesetz, dem in seinen Definitionen von Therapie und körperlicher wie wirtschaftlicher Rehabilitation spezifische Männlichkeitsvorstellungen inhärent waren, stellte den sozialpolitischen Rahmen für eine „Rezivilisierung" und Reintegration der ehemaligen Soldaten und damit die Voraussetzung für den Aufbau und das Funktionieren einer zivilen Gesellschaft in der Bundesrepublik zur Verfügung[8]. Anhand der Versorgung von Kriegsgeschädigten und der Frage nach Rehabilitation und Remaskulinisierung geht der Beitrag dieser Transformation nach. Im Folgenden werden die Transformationsprozesse, wie sie sich in der Versorgung Kriegsgeschädigter unter Besatzungsrecht und nach dem BVG widerspiegeln, und die damit verbundenen Bilder von Männlichkeit diskutiert.

2. Degradierung: Versorgung der Kriegsgeschädigten unter Besatzungsrecht

Bereits nach dem Ersten Weltkrieg bewegte sich die Kriegsopferversorgung „im Spannungsfeld von Ausgleich für den erlittenen Schaden [...] und sozialer sowie wirtschaftlicher Integration" der Geschädigten[9]. Unter den demokratischen Voraussetzungen der 1920er Jahre war sie von einer Fürsorgemaßnahme zu einem Rechtsanspruch auf Versorgung entwickelt worden. Mit dem Reichsversorgungsgesetz vom 12. Mai 1920[10], das bis 1945 Geltung hatte, orientierte sich die Versorgungsleistung für Kriegsgeschädigte erstmalig nicht mehr an der Stellung im Militär, sondern am Zivilberuf, wobei die Feststellung des Grads einer Schädigung der Erwerbsfähigkeit im Zentrum stand. Das Personenschädengesetz vom 17. Juli 1922[11], das erstmals die Versorgung geschädigter Zivilpersonen regelte, übernahm diese Vorgehensweise.

---

[8] Klaas Voß, Die Reintegration von Veteranen als Gesellschaftsgeschichte, in: Mittelweg 36 24 (2015) H. 5, S. 3–31; vgl. auch James M. Diehl, The Thanks of the Fatherland. German Veterans after the Second World War, Chapel Hill/London 1993, S. 109–140.
[9] Rainer Hudemann, Kriegsopferpolitik nach den beiden Weltkriegen, in: Hans Pohl (Hrsg.), Staatliche, städtische, betriebliche und kirchliche Sozialpolitik vom Mittelalter bis zur Gegenwart. Referate der 13. Arbeitstagung der Gesellschaft für Sozial- und Wirtschaftsgeschichte, Stuttgart 1991, S. 269–293, hier S. 270.
[10] Vgl. Gesetz über die Versorgung der Militärpersonen und ihrer Hinterbliebenen bei Dienstbeschädigung (Reichsversorgungsgesetz), in: RGBl. I 1920, S. 989–1019.
[11] Gesetz über den Ersatz der durch den Krieg verursachten Personenschäden (Personenschädengesetz), in: RGBl. I 1922, S. 620–623.

So wurde eine Ausgleichsrente für den in der „beruflichen Karriere erlittenen Schaden" der medizinischen Versorgung, Heilfürsorge, Berufsfürsorge, Rente und verschiedensten Zulagen hinzugefügt. „Das Grundziel der Orientierung am Zivilleben kam hier am deutlichsten zum Ausdruck."[12] Mit dem Aufbau der Wehrmacht seit 1935 und dem auf die Wehrmachtsangehörigen bezogenen Wehrmachtsfürsorge- und Versorgungsgesetz vom 26. August 1938 wurde während der NS-Zeit für diesen Personenkreis wieder die Stellung im Militär als Bemessungsgrundlage für Leistungen in den Vordergrund gestellt. Das Zivilleben der Wehrmachtsangehörigen war, während das Reichsversorgungsgesetz für bereits Leistungen beziehende Personen weiterhin in Geltung war, nicht mehr von vorrangiger Relevanz.

Nach der Befreiung im Jahr 1945 untersagten die Besatzungsbehörden in Reaktion auf die nationalsozialistische Gesetzgebung und mit dem Ziel der Zivilisierung die Auszahlung von Militärrenten und -unterstützungen, so dass ehemalige Militärangehörige Leistungen nun von den allgemeinen Fürsorgeeinrichtungen und nach deren Regelungen erhielten[13]. Trotz dieser gemeinsamen Maßnahme der Alliierten war der Umgang mit Kriegsgeschädigten in den verschiedenen Besatzungszonen bis 1949 nicht einheitlich geregelt[14].

1946 begannen deutsche Juristen in der amerikanischen Besatzungszone mit Arbeiten an einem „Gesetzentwurf für eine Neuregelung". Die hier erarbeitete Konzeption bildete die Grundlage des 1947 von den Landtagen in der US-Zone angenommenen Körperbeschädigten-Leistungsgesetzes (KBLG)[15], das in der britischen Besatzungszone übernommen wurde. Leistungsberechtigt waren demnach „Personen, die durch unmittelbare Kriegseinwirkungen oder anläßlich militärischen oder militärähnlichen Dienstes Gesundheitsschädigungen erlitten" hatten[16]. Nach Artikel 2 des KBLG genügte für die Anerkennung

---

[12] Hudemann, Kriegsopferpolitik, S. 276.
[13] Mit dem Kontrollratsgesetz Nr. 34 vom 20.8.1946 wurden alle Versorgungsgesetze aufgehoben und die Zahlungen entsprechender Bezüge eingestellt.
[14] Vgl. Horst Schieckel/Friedrich Aichberger, Bundesversorgungsgesetz mit Nebentexten und Tabellen, München/Berlin 1951, hier S. 24f.
[15] Vgl. Horst Schieckel, Gesetz über Leistungen an Körperbeschädigte vom 26. März 1947, nebst Durchführungsverordnungen, Dienstanweisungen und Formularen, München/Berlin 1947, S. 3f. und S. 13.
[16] KBLG Art. 1, in: Schieckel, Gesetz, S. 13f. Ausgenommen waren u.a. jene Personen, „die in irgendeiner Form mitverantwortlich für den Kriegsausbruch und damit für die Kriegsfolgen" waren; ebenda, S. 5f.

einer Gesundheitsschädigung schon „die Wahrscheinlichkeit des ursächlichen Zusammenhanges mit dem schädigenden Ereignis", so dass ein weiter Spielraum für die ärztlichen Gutachter bestand. Darüber hinaus wurden jene Zeiten in Kriegsgefangenschaft, in denen Soldaten zu Arbeiten herangezogen worden waren, „als Militärdienst" gezählt, so dass insgesamt ein großer Personenkreis möglicherweise begünstigt war.

Andererseits orientierten sich die Autoren des KBLG bei der Leistungsbemessung nicht an militärischen Dienstgraden, sondern wie in der Weimarer Republik an zivilen Kriterien und hier an der gesetzlichen Unfallversicherung, so dass Kriegsgeschädigte und ihre Hinterbliebenen genauso wie zivile Unfallverletzte eingestuft wurden[17]. Die Finanzierung der Leistungen erfolgte allerdings nicht durch die Sozialversicherung, sondern aus öffentlichen Mitteln. Medizinische Versorgung und Heilfürsorge waren den Gesundheitsbehörden übertragen worden, die wirtschaftliche Versorgung übernahmen die Fürsorgebehörden[18].

Bei der Berechnung der Normalrente eines Kriegsgeschädigten wurde der Verdienst eines ungelernten Arbeiters zugrunde gelegt. Die soziale Stellung des Geschädigten oder eine angenommene Veränderung wurden nicht berücksichtigt[19]. Die Lösung der Bemessungsgrundlage für Leistungen von militärischen Kriterien, wie Dienstgraden, und ihre Orientierung an der Systematik der gesetzlichen Unfallversicherung führten zu deutlicher finanzieller wie gesellschaftlicher Degradierung, je höher der Dienstgrad im Militär gewesen war.

Hintergrund der sozialpolitischen Bemühungen seitens der Besatzungsbehörden waren einerseits der Wille zur Denazifizierung und Demilitarisierung der deutschen Gesellschaft und andererseits, angesichts der nur begrenzt zur Verfügung stehenden ökonomischen Ressourcen, die Wiedereingliederung von kriegsgeschädigten Personen in den Arbeitsmarkt. So ging es bei der Bemessung der Schädigung durch die begutachtenden Ärzte auch nicht um die Bewertung einer tatsächlichen Erwerbs-Einbuße, sondern um die Festsetzung einer theo-

---

[17] Vgl. Rainer Hudemann, Sozialpolitik im deutschen Südwesten zwischen Tradition und Neuordnung 1945–1953. Sozialversicherung und Kriegsopferversorgung im Rahmen französischer Besatzungspolitik, Mainz 1988, S. 407f.
[18] Vgl. Ernst Barth, Die Kriegsopferversorgung in West- und Ostdeutschland nach 1945, in: Kriegsopferversorgung 2 (1952) H. 1, S. 2ff.
[19] Vgl. Hudemann, Sozialpolitik, S. 409.

retischen prozentualen Schädigung der Erwerbsfähigkeit[20]. Hinsichtlich ihrer Versorgung wurden Kriegsgeschädigte in allen Besatzungszonen wie sonstige körperlich eingeschränkte Menschen behandelt. Ihre Privilegierung gegenüber zivilen Geschädigten war nicht intendiert.

Während es die deutsche Gesellschaft ablehnte, Verantwortung für die Verbrechen zu übernehmen, die im Namen des NS-Staats begangen worden waren, verständigte sie sich zugleich als „Gemeinschaft von Opfern", in der das postulierte „Leiden der deutschen Opfer" in kompensatorischer Absicht „dem Leiden der Opfer der Deutschen" gegenübergestellt wurde[21]. Im System des militärischen Apparats und in der Projektion des virilen NS-Staats waren Kriegsgeschädigte „Helden", die ihr „heiliges" Opfer für „Führer, Volk und Vaterland" gebracht hatten. Nach der bedingungslosen Kapitulation und wegen des Verbotes ihrer militärischen Einrichtungen, deren verbrecherischer Charakter offen verhandelt und von Gerichten attestiert wurde[22], fanden sich die ehemaligen Soldaten nun ihres Interpretationsrahmens beraubt in der sozialen Hierarchie einige Etagen tiefer wieder. Sowohl im System der symbolischen Ordnungen als auch im System der Versorgungsleistungen waren sie nun jenen gleichgestellt, die nach ihrem eigenen Wertesystem zu den „Defizitären" zählten. Und wie diese, die der NS-Staat zum Teil verfolgt und ermordet hatte, waren sie selbst nun auf staatliche Leistungen angewiesen. Der vermeintliche „Makel" der „Behinderung" traf nun auf sie selbst zu. In der Angst, eigene und von der Gesellschaft vermutlich erwartete Rollenzuweisungen an sie als Mann etwa als „Ernährer" nicht mehr erfüllen, also Anspruch und Wirklichkeit nicht mehr in Übereinstimmung bringen zu können, sahen sie sich als mehrfache Opfer: abhängig von Fürsorge, ihrer Gesundheit, ihres Bezugsrahmens und ihres Status beraubt sowie mehrmals getäuscht in ihren Idealen wie Versprechungen. Sie verstanden sich als Opfer des von Hitler – und nicht von ihnen – geführten Kriegs wie auch als Opfer alliierter Politik.

---

[20] Vgl. Schieckel, Gesetz, S. 19.
[21] Robert G. Moeller, Deutsche Opfer, Opfer der Deutschen. Kriegsgefangene, Vertriebene, NS-Verfolgte: Opferausgleich als Identitätspolitik, in: Naumann (Hrsg.), Nachkrieg, S. 29–58, hier S. 44.
[22] Vgl. Jörg Echternkamp, Wut auf die Wehrmacht? Vom Bild der deutschen Soldaten in der unmittelbaren Nachkriegszeit, in: Rolf-Dieter Müller/Hans-Erich Volkmann (Hrsg.), Die Wehrmacht. Mythos und Realität, München 1999, S. 1058–1080.

3. Reintegration: Versorgung der Kriegsgeschädigten in der Bundesrepublik

Für Politiker der eben gegründeten Bundesrepublik war die Neuregelung der Versorgung der Kriegsgeschädigten ein zentrales Thema. In seiner ersten Regierungserklärung am 20. September 1949 stellte Bundeskanzler Konrad Adenauer eine Rehabilitierung der ehemaligen Mitglieder der Wehrmacht in Aussicht. Hierzu zählten eine Neuregelung der Kriegsgeschädigtenversorgung, das Ende der Entnazifizierung sowie eine Amnestie für verschiedene Kriegsverbrecher. Er versprach, die „Pensionen der vertriebenen Beamten und der ehemaligen Militärpersonen durch Bundesgesetz zu regeln", und dabei an „Beförderungen der Militärpersonen nicht achtlos vorbeigehen" zu wollen. Denn nicht durch den Nationalsozialismus, sondern „durch die Denazifizierung ist viel Unglück und viel Unheil angerichtet worden", so Adenauer. „Krieg und auch die Wirren der Nachkriegszeit" hätten für viele eine „so harte Prüfung" und „solche Versuchungen" gebracht, „daß man für manche Verfehlungen und Vergehen Verständnis aufbringen muß", weshalb die „Frage einer Amnestie", und zwar auch für „von alliierten Militärgerichten verhängte Strafen", geprüft werden müsse[23]. Im Zuge der wirtschaftlichen und militärischen Westintegration der Bundesrepublik und mit der Anfang der 1950er Jahre einsetzenden Debatte um die Wiederbewaffnung, die auch vor dem Hintergrund des Korea-Kriegs geführt wurde, konnten Rehabilitationsforderungen für die Angehörigen der Wehrmacht realisiert werden[24].

Mit dem BVG vom 1. Oktober 1950 wurde eine bundesweit einheitliche gesetzliche Grundlage für die Kriegsgeschädigtenversorgung geschaffen, die vorher bestehende Regelungen aufnahm[25]. Für die Gesetzgebung auf Bundesebene war das Bundesministerium für Arbeit

---

[23] Regierungserklärung von Bundeskanzler Konrad Adenauer vor dem Bundestag am 20. 9. 1949; www.konrad-adenauer.de/dokumente/erklarungen/regierungserklarung.

[24] Vgl. Bert-Oliver Manig, Die Politik der Ehre. Die Rehabilitierung der Berufssoldaten in der frühen Bundesrepublik, Göttingen 2004, S. 260.

[25] Vgl. Wolfgang Rüfner, Ausgleich von Kriegs- und Diktaturfolgen, in: Günther Schulz (Hrsg.), Geschichte der Sozialpolitik in Deutschland seit 1945, Bd. 3: Bundesrepublik Deutschland 1949–1957 – Bewältigung der Kriegsfolgen, Rückkehr zur sozialpolitischen Normalität, Baden-Baden 2005, S. 690-757, hier S. 693. Das BVG basierte auf dem KBLG der Bizone sowie dem Weimarer Reichsversorgungsgesetz. Vgl. Schieckel/Aichberger, Bundesversorgungsgesetz, S. 29; das folgende Zitat findet sich ebenda, S. 37.

zuständig. Die Umsetzung des BVG oblag den Ländern, wo man Versorgungs- und Landesversorgungsämter als separate Institutionen ins Leben rief. Insofern wurde für die Versorgung der Kriegsgeschädigten ein umfangreicher Apparat aufgebaut.

In der Hauptsache zielte das BVG auf die medizinische Versorgung und die physische wie ökonomische Rehabilitation von während einer „militärische[n] oder militärähnliche[n] Dienstverrichtung [...] oder durch die diesem Dienst eigentümlichen Verhältnisse" oder durch „unmittelbare Kriegseinwirkung" geschädigten Personen und deren Angehörigen beziehungsweise Hinterbliebenen. So lag dem Gesetz zwar das Kausalitätsprinzip zugrunde, allerdings ohne die Kausalität trennscharf zu definieren[26]. Begünstigte der rechtlichen Regelungen waren in der Hauptsache Männer, da in der Systematik der rechtlichen Regelungen durchgängig von der Struktur der Kleinfamilie ausgegangen wurde, in der der berufstätige Mann der Ernährer war, dessen geminderte Erwerbsfähigkeit ausgeglichen werden müsse. So hätten nur jene Frauen Leistungen beantragen können, die ein Erwerbseinkommen, eine begonnene Berufsausbildung oder deren Anstreben vor Eintritt der Schädigung hätten nachweisen beziehungsweise den Gutachtern glaubhaft machen können. Außerdem wurden nach dem BVG nur wenige der Tätigkeiten, die Frauen im Krieg verrichtet hatten und bei denen sie geschädigt worden waren, als immerhin „militärähnlich" anerkannt[27]. Und zusätzliche Leistungen wie Heilbehandlungen konnten nur jene erhalten, denen auch eine Grundrente zugesprochen worden war. Vier Jahre nach der grundgesetzlichen Festlegung der Gleichberechtigung von Männern und Frauen und nachdem die Frist zur Angleichung gesetzlicher Regelungen an diese Bestimmung bereits verstrichen war, stellten Mitarbeiter des Landesversorgungsamts Berlin immerhin fest, dass die Umsetzung der Gleichberechtigung „in vieler Hinsicht eine Änderung und Beendigung der bisher geübten Praxis bedeuten" würde und die Auswirkungen „erheblich" wären[28].

Das Gesetz sah drei aufeinander bezogene Bestandteile für Leistungen vor: die einkommensunabhängige Grundrente, die Ausgleichsrente

---

[26] Vgl. Karl Weishäupl, Die Kausalität in der Kriegsopferversorgung, München/Berlin 1958.
[27] Hierzu zählte etwa die verpflichtende Arbeit im Reichsarbeitsdienst oder beim Deutschen Roten Kreuz.
[28] Werner Jahn/Alfred Beyer, Gleichberechtigung und Versorgungsrecht, in: Kriegsopfer 3 (1953) H. 5, S. 52ff., hier S. 52.

und ab 1960 den Berufsschadensausgleich. Darüber hinaus gab es ein weites, stetig erweitertes Feld von Zusatzleistungen[29]. Gegenüber den Regelungen der Besatzungsbehörden wurde mit dem BVG der Kreis der Leistungsberechtigten ausgeweitet, indem etwa ehemalige Mitglieder der NSDAP unter besonderen Bedingungen begünstigt wurden[30]. In den folgenden Jahren wurden Grund- und Ausgleichsrenten für Kriegsgeschädigte stetig angehoben. Nach dem sechsten Änderungsgesetz von 1957 lag die Durchschnittsrente bei fast 80 Prozent des allgemeinen Durchschnittsverdiensts[31]. Insofern konterkarierte diese Politik, die auf eine fortgesetzte und zunehmende Besserstellung der kriegsgeschädigten Männer hinauslief, Ziele der Alliierten wie Denazifizierung und Demilitarisierung.

Leistungen nach dem BVG wurden auf Grundlage eines ärztlichen Gutachtens gewährt, in dem der ärztliche Sachverständige zu attestieren hatte, dass die erwerbsmindernde gesundheitliche Schädigung oder der Tod eines Angehörigen in ursächlichem Zusammenhang mit einer „militärischen oder militärähnlichen Dienstverrichtung", „unmittelbarer Kriegseinwirkung", „Internierung im Ausland" oder in einem Zusammenhang stand, der als „offensichtliches Unrecht anzusehen ist"[32]. Als Schädigung wurde die „Minderung der Erwerbsfähigkeit auf dem allgemeinen Arbeitsmarkt" definiert. Für die Feststellung, ob die Kausalität für die gesundheitliche Schädigungen diesen Kriterien entsprach, sollten auch die Konstitution des Antragstellers und dessen Vorgeschichte erhoben werden, da die Kriegseinwirkung auch nur auslösender Faktor bei einer bereits bestehenden Vorschädigung oder Veranlagung hätte sein können, was einen Leistungsbezug ausgeschlossen hätte[33].

Als medizinische Gutachter fungierten etablierte männliche Ärzte und Hochschulmediziner, selbst zum Teil ehemalige Militärangehöri-

---

[29] Vgl. Wolfgang Rüfner, Empfiehlt es sich, die soziale Sicherung für den Fall von Personenschäden, für welche die Allgemeinheit eine gesteigerte Verantwortung trägt, neu zu regeln?, in: Verhandlungen des 49. Deutschen Juristentages (Düsseldorf 1972), München 1972, E7–E59, hier E14f.
[30] Vgl. Schieckel/Aichberger, Bundesversorgungsgesetz, S. 55, S. 59 und S. 79.
[31] Vgl. Rüfner, Ausgleich, S. 704.
[32] BVG § 1, in: Schieckel/Aichberger, Bundesversorgungsgesetz, S. 37; zum Folgenden vgl. ebenda, S. 323f.
[33] Ebenda, S. 324. Vgl. Svenja Goltermann, Gewalt und Trauma. Zur Verwandlung psychiatrischen Wissens in Ost- und Westdeutschland seit dem Zweiten Weltkrieg, in: Christine Wolters/Christof Beyer/Brigitte Lohff (Hrsg.), Abwei-

ge, die eine am männlichen Körper orientierte Medizin repräsentierten. Für ihre Beurteilungen konnten sie an eine bis zum Ersten Weltkrieg zurückreichende und während der NS-Zeit weiterentwickelte Expertise anknüpfen und nicht nur auf ihre Erfahrungen in Institutionen des nationalsozialistischen Staats, sondern auch auf Gutachtensammlungen aus dieser Zeit, die vom Verband Deutscher Rentenversicherungsträger gesammelt wurden, zurückgreifen. Ihre Gutachten, in denen sie weit über eine medizinische Bewertung hinausgingen und für die ihnen das Gesetz einen weiten Spielraum bot, den sie mit Ableitungen aus eigenen Wert-, Ordnungs- und Geschlechtervorstellungen füllen konnten, waren im Gesamtverfahren von zentraler Bedeutung[34]. Das Urteil des Arztes war „im allgemeinen maßgebend für die im Rentenbescheid zum Ausdruck gebrachte Entscheidung der Verwaltungsbehörde", ohne dass diese an sein Gutachten gebunden war[35].

Neben medizinischer Versorgung und Heilbehandlung, Rente und Rehabilitation hatte der Geschädigte auch Anspruch auf eine „weitgehende Arbeits- und Berufsförderung [...], die der Erlangung und Wiedergewinnung der beruflichen Leistungsfähigkeit dienen und ihn befähigen [sollte], sich am Arbeitsplatz und im Wettbewerb mit Nichtbeschädigten zu behaupten"[36]. Mit dem BVG sollte der Geschädigte „in die Lage versetzt werden, trotz des Unheils, das ihn betroffen hat, ein vernünftiges Leben zu führen und seine soziale Stellung zu behalten"[37]. Das BVG zielte neben der physischen Rehabilitation nicht nur auf die Sicherung des Existenzminimums oder den unmittelbaren und sofortigen Ausgleich einer Schädigung, sondern auf die Sicherung eines Lebensstandards, der allein aufgrund von Annahmen über die gesellschaftliche Stellung des Betroffenen und seiner Familie sowie deren vermuteter Entwicklung in Kompatibilität mit bürgerlichen Vor-

---

chung und Normalität. Psychiatrie in Deutschland vom Kaiserreich bis zur Deutschen Einheit, Bielefeld 2013, S. 279–308, hier S. 285f.
[34] Vgl. Christine Wolters, Ärzte als Experten bei der Integration Kriegsbeschädigter und Kriegsversehrter nach dem Ersten und Zweiten Weltkrieg, in: NTM 23 (2015), S. 143–176.
[35] Erich Spindler, Die versorgungsärztliche Tätigkeit, in: Kriegsopferversorgung 2 (1952) H. 7, S. 88ff., hier S. 88.
[36] BArch Koblenz, B 149/68173, Gegenüberstellung der gesetzlichen Bestimmungen der Kriegsopferversorgung in der Bundesrepublik (Bund) und in der Sowjetischen Besatzungszone (SBZ), Januar 1957.
[37] Rüfner, Soziale Sicherung für den Fall von Personenschäden, hier E30.

stellungen auf längere Sicht konstruiert wurde[38]. Die Regelungen des BVG reflektieren, rekonstruieren und fixieren mithin gesellschaftliche Ordnungsvorstellungen der hierarchischen und patriarchalen Familie sowie die weiterhin zentralen Kategorien von Arbeit und Leistung, die ihrerseits männlich konnotiert waren.

4. Metamorphose: Vom Soldaten zum Familienvater

Weder die Besatzungsmächte noch die Gesellschaft der frühen Bundesrepublik wollten den kriegsgeschädigten Männern den von ihnen erhofften Heldenstatus offen zugestehen. Insofern blieb ihnen der ideelle Lohn für ihren Einsatz für das „Vaterland" verweigert. Vielmehr begann sich die Nachkriegsgesellschaft auch unter Verweis auf die Kriegsgeschädigten „als Nation von Opfern" zu definieren[39], auch wenn die Körper der kriegsgeschädigten Männer unausweichlich auf den von den Deutschen begonnenen Krieg und seine Folgen verwiesen. In diesem Zusammenhang hatte das BVG mit seinen an fiktiven Größen zunehmend nach oben orientierten Ausgleichszahlungen eine alle Beteiligten verbindende Funktion. Mit seiner Hilfe konnten sowohl der Druck, bestimmte maskuline wie statusbezogene Rollenzuweisungen erfüllen zu müssen, als auch die Hoffnung auf einen erwarteten materiellen Lohn kompensiert werden.

Die Verfasser des BVG stellten den geschädigten Soldaten ins Zentrum, und indem die medizinische Begutachtung sich ebenso auf ihn beschränkte, zeigt sich ihre Reduktion auf eine maskuline Perspektive. Frauen gerieten nur als mitzuversorgende Angehörige in den Blick. Während das BVG besonders vor dem Hintergrund der Wiederbewaffnung eine versöhnende Funktion besaß, half es nicht, die unlösbare subtile Verschränkung von Opfervorstellung und dem Ideal soldatischer Männlichkeit zu überwinden.

Nur wenige Jahre nachdem behauptet worden war, dass die Familie „Keimzelle" des deutschen Volkes sei und vor sich ungehemmt vermehrenden barbarischen Massen aus dem Osten beschützt werden

---

[38] Vgl. Harry Rohwer-Kahlmann, Die Soziale Fürsorge nach dem BVG – Teil der öffentlichen Fürsorge oder der Versorgung? in: Zeitschrift für das Fürsorgewesen 4 (1952), S. 180ff., zit. nach Uwe Mehrtens, Zum Begriff der sozialen Entschädigung im neuen Sozialgesetzbuch unter besonderer Berücksichtigung der Kriegsopferfürsorge nach dem Bundesversorgungsgesetz, Diss., Bremen 1973, S. 124.

[39] Klaus Naumann, Einleitung zu: ders. (Hrsg.), Nachkrieg, S. 9–26, hier S. 14f.

müsse, und nur wenige Jahre nachdem der auf diese Weise legitimierte Vernichtungskrieg beendet worden war, propagierte Familienmister Franz-Josef Wuermeling (CDU) 1953: „Millionen innerlich gesunder Familien mit rechtschaffen erzogenen Kindern sind als Sicherung gegen die drohende Gefahr der kinderreichen Völker des Ostens mindestens so wichtig wie alle militärischen Sicherungen."[40] War der deutsche Mann damals hinausgezogen, um als Soldat seine Familie zu beschützen, sollte er dasselbe Ziel nun daheim als Zivilist und Haushaltsvorstand der gesunden Familie erreichen. Die militärische Option war weder schon wieder opportun, noch durfte nach ihrem Erfolg oder ihren Folgen gefragt werden. In beiden Fällen diente das Bild der Familie als Legitimation. Nun wurde die „Kleinfamilie" als einzige Institution präsentiert, die vorgeblich nicht vom Nationalsozialismus „besudelt" worden sei, weshalb sie als der „sicherste Garant der sozialen und politischen Stabilität in der Nachkriegszeit" firmieren konnte. Und trotz, in jedem Fall aber gegen die Erfahrung, dass Frauen während des Kriegs und in der Nachkriegszeit das von den Männern verursachte Vakuum füllen konnten und zum Teil auch wollten, wurden die Rollenzuschreibungen an den Mann vom „Beschützer" und „Ernährer" restauriert.

Das Instrument, die Gruppe der Kriegsgeschädigten in die Realisierung dieses geschlechtsspezifischen Konstrukts einzubeziehen, war die Zuteilung von Mitteln nach den Vorgaben des BVG. Die Hinterbliebenen eines Soldaten, der während des Kriegs Suizid begangen hatte, erhielten etwa Leistungen nach dem BVG, da eben die Trennung von der Familie und seiner Frau seine „Willenskraft" geschwächt habe[41]. Das BVG lieferte Kriegsgeschädigten aber nicht nur den strukturierenden Rahmen und entsprechende Mittel, um die Schwerpunktverlagerung im Prozess der Transformation vom Soldaten zum Familienvater annehmen und umsetzen und damit die Rollenzuweisung erfüllen zu können. „Nicht allein materielle Abfindung, sondern gesellschaftliche Rehabilitierung war das gemeinsame Ziel der Soldaten."[42] Und das

---

[40] Franz-Josef Wuermeling, Das muß geschehen! Die Familie fordert vom Bundestag, in: Kirchen-Zeitung (Köln) vom 6.12.1953, zit. nach Uta G. Poiger, Krise der Männlichkeit. Remaskulinisierung in beiden deutschen Nachkriegsgesellschaften, in: Naumann (Hrsg.), Nachkrieg, S. 227–263, hier S. 234; das folgende Zitat findet sich ebenda, S. 232.
[41] Gerhard Wilke, Versorgung bei Freitod, in: Kriegsopferversorgung 1 (1951) H. 3, S. 28 ff., hier S. 29.
[42] Manig, Politik der Ehre, S. 26.

BVG versetzte sie in die Lage, an den Leistungen der fortschreitend prosperierenden Gesellschaft zu partizipieren, so dass trotz formaler Absehung vom Prinzip der Bindung der Versorgung an den militärischen Status dieser ökonomisch fast erreicht werden konnte. Gleichzeitig half das BVG, herkömmliche geschlechtsspezifische Rollenmodelle zu restaurieren und festzuschreiben.

Noyan Dinçkal
Remaskulinisierung durch Technik?
Rehabilitation und Kriegsbeschädigung in der westdeutschen Nachkriegsgesellschaft

1. Zwischen Symbol- und Sozialpolitik

Die Überzeugung, dass in den Kriegen des 20. Jahrhunderts ein bislang unbekannter Vernichtungsgrad erreicht wurde und mit ihnen die Entwicklung zum totalisierten Massenkrieg einherging, liegt in den beiden Weltkriegen begründet. Nicht ohne Grund hat Michael Geyer diese als „Kriege der gesellschaftlichen Vernichtung" charakterisiert, als neuartige „Menschheits-Katastrophen", die sich nur noch als die „Geschichte der [...] Traumatisierung Europas und der europäischen Moderne" untersuchen ließen[1]. Zu diesen Katastrophenerfahrungen des 20. Jahrhunderts gehörte, dass in den Weltkriegen nicht nur eine in diesem Ausmaß ungekannte Anzahl von Menschen getötet wurde, sondern auch, dass eine ebenfalls in diesem Ausmaß bislang ungekannte Anzahl von Menschen psychische oder physische Verletzungen davontrug.

In Westdeutschland lebten Anfang der 1950er Jahre etwa 1,5 Millionen kriegsbeschädigte Menschen, die, abgesehen von den zahlreichen zivilen Verletzten und Opfergruppen des Nationalsozialismus, in der Hauptsache männlich, zwischen 20 und 50 Jahre alt und ehemalige Angehörige militärischer Formationen des NS-Staats waren[2]. Diese Kriegsbeschädigten waren ein öffentlich sichtbares Emblem von Gewalterfahrung, Verstümmelung, Krieg und Niederlage. Mit den Kriegsheimkehrern und den Vertriebenen repräsentierten sie jene Gruppe der ehemaligen „Volksgemeinschaft", die sich vergangenheitspolitisch vergleichsweise leicht in die „Rhetorik der Selbstviktimisierung" einreihen ließen[3].

Für die Reputation der Kriegsbeschädigten und die Wahrnehmung ihrer Verwundungen als äußerliche Zeichen männlich gedachter Tap-

---

[1] Michael Geyer, Eine Kriegsgeschichte, die vom Tod spricht, in: Mittelweg 36 4 (1995), S. 57–77, hier S. 72.
[2] Vgl. Berthold Mikat, Die Kriegsbeschädigten im Bundesgebiet, in: Wirtschaft und Statistik 3 (1951), S. 50–54, hier S. 53.
[3] Frank Biess, Männer des Wiederaufbaus – Wiederaufbau der Männer. Kriegsheimkehrer in Ost- und Westdeutschland, 1945–1955, in: Karen Hagemann/Stefanie Schüler-Springorum (Hrsg.), Heimat-Front. Militär und Geschlechterver-

ferkeit und Opferbereitschaft ist die Verwissenschaftlichung „körperlicher Abweichung" im 20. Jahrhundert wesentlich. Die Kriegsbeschädigung war eben nicht ohne weiteres auf Veranlagung zurückzuführen, weswegen Kriegsbeschädigte in der Regel der biopolitischen Einordnung als „Degenerierte" entgingen. Dies galt jedoch nicht zwangsläufig für psychisch Verletzte, deren Erkrankung auch auf individuelle Dispositionen zurückgeführt wurde[4]. Aus diesem Grund fanden diese in keiner Weise die gleiche Anerkennung wie Kriegsbeschädigte mit amputierten Gliedmaßen[5]. Allerdings war die Wahrnehmung von Kriegsbeschädigten keineswegs so eindeutig, wie es diese Leseart suggeriert. Hier muss zwischen dem Appellcharakter der diskursiven Aufwertung und der tatsächlichen Behandlung unterschieden werden. Der kriegsbeschädigte männliche Körper wurde sowohl in ästhetischer als auch in physiologischer Hinsicht auch als ein dysfunktional-abnormer Körper wahrgenommen. Infolgedessen avancierten Kriegsbeschädigte zu Objekten moralischer Polarisierungen, die diese – wissenschaftlich gestützt – in „gute", arbeitsame und unauffällige und in „schlechte", parasitär vor sich hinlebende Männer einteilten.

Die Anwesenheit der Kriegsbeschädigten in der westdeutschen Nachkriegsgesellschaft stellte also ein wichtiges symbolpolitisches Problem dar. Sie waren jedoch nicht nur verkörperte Zeichen einer traumatischen Kollektiverfahrung. Die gesellschaftliche Auseinandersetzung mit ihren Gewalterfahrungen und Verletzungen – so die Ausgangshypothese dieses Beitrags – ging auch mit der Formulierung von Männlichkeitsidealen einher. Ehemalige Wehrmachtssoldaten sollten in zivile Staatsbürger transformiert werden, gleichzeitig aber konnten Kriegsbeschädigte gewisse Ideale hegemonialer Männlichkeit wie etwa des Ernährers, Beschützers und Versorgers häufig nur ansatzweise ausfüllen, weswegen sie grundsätzlich auch immer als defizitär markiert waren. Die Kriegsbeschädigung verwies in diesem Sinne auf einen Männlichkeits-„Makel".

---

hältnisse im Zeitalter der Weltkriege, Frankfurt a.M./New York 2002, S. 345–365, hier S. 345.
[4] Vgl. Svenja Goltermann, Die Gesellschaft der Überlebenden. Deutsche Kriegsheimkehrer und ihre Gewalterfahrungen im Zweiten Weltkrieg, München 2011.
[5] Vgl. Maren Möhring, Kriegsversehrte Körper. Zur Bedeutung der Sichtbarkeit von Behinderung, in: Anne Waldschmidt/Werner Schneider (Hrsg.), Disability Studies, Kultursoziologie und Soziologie der Behinderung. Erkundungen in einem neuen Forschungsfeld, Bielefeld 2007, S. 175–197, hier S. 178.

2. Die makelbehaftete Männlichkeit der Kriegsbeschädigten ...

... stand in einem Kontrast zum Bild des „hypermaskulinisierten" und militarisierten NS-Frontsoldaten[6]. Wie Thomas Kühne herausgearbeitet hat, erlebte die Glorifizierung des heldenhaften Soldaten und damit einhergehend die konstitutive Geltung soldatischer Männlichkeit während des Dritten Reichs eine Renaissance[7]. Hinzu kommt, dass – auch wenn der versehrte Soldatenkörper nicht ohne weiteres in das ideologische Bild des Nationalsozialismus passte – die Kriegsbeschädigten in der NS-Verbandspresse zu Objekten einer (Re-)Modellierung des heldischen Soldatenkörpers avancierten. Vor allem Nils Löffelbein hat in diesem Zusammenhang betont, dass sichtbare Kriegsfolgen wie Amputationen und Prothesen kaschiert und starke körperliche Behinderungen ausgeblendet wurden[8].

In der Bundesrepublik ließ sich diese Verbindung von Männlichkeit und Militär nicht mehr ohne weiteres aufrechterhalten. Das hat nicht nur damit zu tun, dass die Kriegsbeschädigten für jeden sichtbar das Ideal des starken, gepanzerten Soldatenkörpers unterliefen, sondern auch damit, dass der nationalsozialistische Krieg, aus dem die Soldaten beschädigt heimkehrten, öffentlich diskreditiert war[9]. Orientierung boten zivile Facetten der Männlichkeit, die sich mit der Trias Väter, Ehemänner, Ernährer beschreiben lassen, wobei diese Rollenzuschreibungen nicht zwangsläufig deckungsgleich mit den Wünschen und Hoffnungen der Betroffenen selbst gewesen sein müssen. Dennoch war die sogenannte Remaskulinisierung in Westdeutschland vor allem geprägt von einer sukzessiven Abkehr von rein militärischen Vorstellungen von Männlichkeit und der Hinwendung zu dem Ideal eines starken und verständnisvollen Vaters als Oberhaupt der Fami-

---

[6] Vgl. Paula Diehl, Macht – Mythos – Utopie. Die Körperbilder der SS-Männer, Berlin 2005; James Anthony Mangan (Hrsg.), Shaping the Superman. Fascist Body as Political Icon. Aryan Fascism, London/Portland 1999.
[7] Vgl. Thomas Kühne, „... aus diesem Krieg werden nicht nur harte Männer heimkehren". Kriegskameradschaft und Männlichkeit im 20. Jahrhundert, in: ders. (Hrsg.), Männergeschichte – Geschlechtergeschichte. Männlichkeit im Wandel der Moderne, Frankfurt a.M./New York 1996, S. 174–192.
[8] Vgl. Nils Löffelbein, Ehrenbürger der Nation. Die Kriegsbeschädigten des Ersten Weltkriegs in Politik und Propaganda des Nationalsozialismus, Essen 2013, S. 200f.
[9] Vgl. den Beitrag von Sabine Schleiermacher in diesem Band.

lie[10]. Die damit verbundene Rekonstruktion und „Wiedervervollständigung" der Familie diente gleichzeitig der moralischen und sexuellen Stabilisierung der Nachkriegsgesellschaft[11]. Der Umgang mit Kriegsbeschädigten war also an Ideale von Männlichkeit geknüpft, die sich zumindest partiell von vorangegangenen Männlichkeitsbildern unterschieden. Doch stellte die Versehrung männliche Selbstentwürfe und Identitätsvorstellungen in Frage, und zwar sowohl die militärischen, als auch die zivilen. Die Kriegsbeschädigung führte zum Verlust herkömmlicher körperlicher Gewissheiten, die als unmittelbar zugehörig zur männlichen Identität galten und mit einer männlich gedeuteten Funktions- und Leistungsfähigkeit verknüpft waren: die Fähigkeit zur körperlicher Arbeit und die Unabhängigkeit im Alltag[12].

Damit einhergehend war auch die Rehabilitation der Kriegsbeschädigten stets an spezifische Männlichkeitsvorstellungen geknüpft, wobei die Prothetik eine wichtige Rolle spielte. Von zentraler Bedeutung ist hierbei, dass die Prothetik nicht heilte, sondern Verbesserungsangebote an das Selbst bereithielt. Die Prothese als Artefakt an der Schnittstelle von Körper und Technik war ein Zwischenglied zwischen körperlicher Behinderung und der Überwindung körperlicher Einschränkung, indem sie den Individualkörper mit jeweiligen gesellschaftlichen Leistungs- und Normierungserwartungen kurzschloss[13]. Folglich symbolisierten Prothesen nicht nur eine Politik der Rehabilitation, die im Wiederaufbau ihren Versorgungspflichten gegenüber den Veteranen nachkam. Sie standen auch für die Bemühungen zur Sicherstellung einer ins Wanken geratenen Geschlechterordnung mit dem Mann als erwerbstätigem Familienoberhaupt, was nach 1945 mit

---

[10] Vgl. Uta G. Poiger, Krise der Männlichkeit. Remaskulinisierung in beiden deutschen Nachkriegsgesellschaften, in: Klaus Naumann (Hrsg.), Nachkrieg in Deutschland, Hamburg 2001, S. 227–263, hier S. 236f. und S. 263, sowie den Beitrag von Till van Rahden in diesem Band.
[11] Vgl. etwa Robert G. Moeller, Protecting Motherhood. Women and the Family in the Politics of Postwar West Germany, Berkeley 1993.
[12] Am Beispiel des Ersten Weltkriegs vgl. Sabine Kienitz, Körper-Beschädigungen. Kriegsinvalidität und Männlichkeitskonstruktionen in der Weimarer Republik, in: Hagemann/Schüler-Springorum (Hrsg.), Heimat-Front, S. 188–207, hier S. 194.
[13] Vgl. Karin Harrasser, Sensible Prothesen. Medien der Wiederherstellung von Produktivität, in: Body Politics 1 (2013), S. 99–117; Sabine Kienitz, Prothesen-Körper. Anmerkungen zu einer kulturwissenschaftlichen Technikforschung, in: Zeitschrift für Volkskunde 106 (2010), S. 137–162.

einer „freiwilligen" Räumung innerfamiliärer Machtpositionen von Frauen einhergehen konnte[14].

3. Rehabilitation und Prothetik

In der Rehabilitation tritt das Spannungsverhältnis von hegemonialen Männlichkeitsvorstellungen und Kriegsschädigung besonders markant hervor. Bei den Bemühungen zur zivilen Remaskulinisierung der Kriegsbeschädigten war Arbeit von zentraler Bedeutung, wobei allerdings die Bereiche Arbeit und Familie ineinander verwoben waren. Für viele Kriegsbeschädigte war aufgrund eingeschränkter Arbeitsoptionen und fehlender sozialer Aufstiegschancen das gesellschaftlich fest verankerte Ideal des Ernährers und Familienvaters schwer zu erfüllen. Und hier setzten eben jene Maßnahmen der Rehabilitation ein, die auf eine „körperliche Wiederherstellung" der Kriegsbeschädigten zielten. Die Prothetik als medizintechnischer Komplex, in dem sich auch die Konturen eines moralisch legitimierten Modells der Steuerung von Individuen abzeichneten, war ein wichtiger Bestandteil dieser „Wiederherstellung". In den Selbstdarstellungen der Prothesenforschung und -hersteller stellten Orthopäden und Mediziner ihre Tätigkeit etwa als Teil einer Bemühung um Humanisierung dar, die die Erlösung des kriegsbeschädigten Mannes aus einem – wie es 1965 in der Zeitschrift „Rehabilitation" hieß – „drohnenhaft, parasitären Leben" versprach[15]. So stand die Prothese nicht allein für die Überwindung eines gesellschaftlich negativ konnotierten Zustands; sie erschien darüber hinaus auch als Zeichen männlicher Leistungsbereitschaft sowie als technisches Mittel zur Aufrechterhaltung geschlechtertypischer Familienrollen.

Wenn man sich die Erwerbsbiografien von Frauen und Männern in den ersten beiden Dekaden nach 1945 ansieht, so stellt man fest, dass das Leitbild des männlichen, voll erwerbstätigen Familienernährers einen merklichen Aufschwung erlebte[16]. Die Definition der Kriegsschä-

---

[14] Vgl. Elizabeth Heineman, Complete Families, Half Families, No Families at All: Female-Headed Households and the Reconstruction of the Family in the Early Federal Republic, in: CEH 29 (1996), S. 19–60.
[15] Werner Boll/W. Sänger, Ein neuer Weg zur Wiedereingliederung Behinderter, in: Die Rehabilitation 4 (1965), S. 12–21, hier S. 12; vgl. auch Christine Wolters, Ärzte als Experten bei der Integration Kriegsbeschädigter und Kriegsversehrter nach dem Ersten und Zweiten Weltkrieg, in: NTM 23 (2015), S. 143–176.
[16] Vgl. Robert G. Moeller, Heimkehr ins Vaterland: Die Remaskulinisierung Westdeutschlands in den fünfziger Jahren, in: MGZ 60 (2001), S. 403–436.

digung als Unfähigkeit zur Erwerbsarbeit war entsprechend männlich gedacht, ebenso Rehabilitationsstrategien zur Eingliederung durch Erwerbsarbeit[17]. Und auch die Konstrukteure konzentrierten sich auf die Entwicklung von Prothesen für männliche Erwachsene, die damit wieder ins Erwerbsleben integriert werden sollten. Es war der männliche, erwachsene und amputierte Kriegsbeschädigte, der den „Idealklienten" für die Rehabilitation der frühen 1950er Jahre darstellte[18].

Dies ist sicherlich kein für die Nachkriegszeit spezifischer Umstand, denn insgesamt war im 20. Jahrhundert die Entfaltung von Technologien der „Wiederherstellung" körperlicher Fähigkeiten in der Hauptsache durch die Erfahrungen von Männern in militärischen Zusammenhängen geprägt. Auch nach 1945 tauchten Frauen in diesem Kontext kaum auf, nicht zuletzt weil sie schlicht weitaus seltener erwerbstätig waren als Männer[19]. In den wenigen Fällen, in denen sie Gegenstand von Prothesendiskursen waren, galt ihre Versorgung mit einer „kosmetischen" Prothese als selbstverständlich. Bei den weiblichen Patienten sei ein – so der Mediziner Otto Boos 1959 – besonders „verständnis- und rücksichtsvolles Vorgehen" erforderlich, weil sie mehr noch als die Männer auf einen „kosmetischen Eindruck bedacht" seien[20]. Die funktionelle Anpassung an Arbeitsabläufe durch eine Prothese wurde bei ihnen nur selten in Betracht gezogen; stattdessen gab man etwa dem sogenannten Schmuckarm den Vorzug[21]. Während bei männlichen Kriegsbeschädigten das Ziel der Prothetik vor allem die

---

[17] Vgl. Wolfgang Faubel, Die Rehabilitation der Amputierten, in: Verhandlungen der Deutschen Orthopädischen Gesellschaft. 47. Kongreß, 8.–11. 9. 1959 in Würzburg, Stuttgart 1960, S. 426–432 (Beilagenheft der Zeitschrift Orthopädie 93).
[18] Vgl. hierzu Elsbeth Bösl, Politiken der Normalisierung. Zur Geschichte der Behindertenpolitik in der Bundesrepublik Deutschland, Bielefeld 2009, S. 147.
[19] Vgl. zur prothetischen Versorgung von Frauen etwa Kirsten E. Gardner, From Cotton to Silicone: Breast Prosthesis before 1950, in: Katherine Ott/David Serlin/Stephen Mihm (Hrsg.), Artificial Parts, Practical Lives. Modern Histories of Prosthetics, New York 2002/London, S. 102–119.
[20] Otto Boos, Rehabilitation von Ohnhändern, in: Hefte für Unfallheilkunde 60 (1959), S. 77– 94, hier S. 85.
[21] Vgl. beispielsweise Heinz Rüther, Arm- und Handprothesen, in: Verhandlungen der Deutschen Orthopädischen Gesellschaft. 39. Kongreß, 6.–8. 9. 1951 in Heidelberg, Stuttgart 1952, S. 172–180, hier S. 173 (Beilagenheft der Zeitschrift Orthopädie 81). Als Überblick zur „kosmetischen" Prothese vgl. Elizabeth Haiken, The Development of Cosmetic Prosthetics, in: Ott/Serlin/Mihm (Hrsg.), Artificial Parts, S. 171–198.

Wiederherstellung und die Sicherung der beruflichen Existenz war und sie sich somit an Leistung und Erwerbsarbeit orientierte, sollte die Prothese bei Frauen mit amputierten Gliedmaßen in der Hauptsache die Funktion der „Täuschung" erfüllen, um den Eindruck des Normalen zu erzeugen.

4. Arbeit und Alltag

Zweifellos haben wir es bei der Rehabilitation der Kriegsbeschädigten mit einer deutlich vom Arbeitsparadigma geprägten, funktionellen Anpassung des männlichen Körpers zu tun. Was das Motiv der Anpassung angeht, müssen allerdings zwei Ebenen unterschieden werden. Denn auch wenn das Ziel der Integration in das Erwerbsleben dominierte, ging es um mehr, wie schon die Vielschichtigkeit des Arbeits- und Funktionsbegriffs zeigt. Wenn man Arbeit und Alltagshandlungen zusammendenkt, so fällt in den medizinischen Wortmeldungen die Beschwörung des Bilds vom hilflosen, in den kindlichen Zustand zurückversetzten Mann auf, der abhängig von Frauen vor sich hinvegetiere. Geradezu paradigmatisch ist der Einwurf des Orthopäden Hopf, einem der Entwickler der pneumatischen Prothese, aus dem Jahr 1956, der von „Ohnhänder[n], besonders solche[n] aus dem letzten Kriege" schrieb, die sich „im Laufe der Jahre daran gewöhnt" hätten, „in den primitivsten menschlichen Verrichtungen von der Hilfe anderer abhängig zu sein", wobei andere in diesem Kontext Mütter oder Ehefrauen meinte. Nach und nach sei ihnen dadurch „jede Empfindung für einen nützlichen Daseinszweck" abhandengekommen[22].

Die Wendung „nützlicher Daseinszweck" bezog sich in diesem Zusammenhang also nicht nur darauf, dass der Kriegsbeschädigte im Arbeitsleben „seinen Mann stehen" konnte[23], sondern ebenso auf die Unabhängigkeit im Alltag, was Tätigkeiten wie beispielsweise Essen, Trinken, Rasieren, An- und Ausziehen oder Notdurft verrichten umfasste[24]. Dabei ging es aber nicht einfach nur darum, diesen Männern nicht zuzugestehen, dass sie auf Hilfe angewiesen sein könnten, sondern um gesellschaftliche Teilhabe, Selbstbewusstsein und Autorität,

---

[22] A. Hopf, Die Leistungsfähigkeit der pneumatischen Prothese für Ohnhänder, in: Verhandlungen der Deutschen Orthopädischen Gesellschaft. 43. Kongreß, 14.–17.9.1955 in Hamburg, Stuttgart 1956, S. 201f., hier S. 201 (Beilagenheft der Zeitschrift Orthopädie 87).
[23] So Faubel, Rehabilitation, S. 432.
[24] Vgl. Boos, Rehabilitation, S. 78.

nicht zuletzt im Umgang mit Frauen. Bei den Schulungen zum Umgang mit der pneumatischen Prothese etwa wurde nach 14 Tagen als Höhepunkt ein geselliger Abend anberaumt und bei dieser Gelegenheit den kriegsbeschädigten Männern die Möglichkeit gegeben, ihren Frauen „fröhlich und ungezwungen" zu demonstrieren, wie „sie sich selbst zu helfen wissen"[25]. Dieses Motiv korrespondierte mit den an Entwicklungsoptionen geknüpften „Verbesserungsangeboten" durch Prothesen. So finden sich in der medizinisch-orthopädischen Fachliteratur durchaus Darstellungen von Kriegsbeschädigten, die ihren Alltag offensichtlich auch ohne Prothesen zu meistern verstanden, doch wurde die Art und Weise, wie dies geschah, beispielsweise mit Begriffen wie „bemitleidenswert" oder „possierlich" beschrieben[26].

Der als defizitär kategorisierte Körper des Kriegsbeschädigten sollte also in einen leistungsfähigen Zustand versetzt werden, wobei Prothesen nicht ausschließlich, aber vor allem der Reintegration in den Arbeitsalltag dienen sollten. Insofern könnte man – an die Überlegungen von Sabine Kienitz zur Prothetik in der Zwischenkriegszeit anknüpfend – von einem „Prozess der symbolischen ‚Wiedervermännlichung' durch Prothetik und einem Sieg der Technik über die Dysfunktionalität des zerstörten männlichen Körpers" sprechen[27].

Allerdings bedarf das Diktum von der beinahe ausschließlich auf Arbeit ausgerichteten technischen Zurichtung des männlichen Körpers einer genaueren Erörterung. Zumindest was die 1960er Jahre angeht, war die Verflechtung von Männlichkeit, Arbeit und Technik deutlich komplexer, als es der Rückblick auf die Protheseneuphorie der Weimarer Jahre nahelegt. Tatsächlich verschoben sich im Zuge von Automatisierung und Rationalisierung der Produktion und eines zunehmend auf Massenkonsum ausgerichteten wohlfahrtsstaatlichen Gesellschaftsmodells die Bedeutungen im Beziehungsgeflecht von körperlicher Behinderung, Prothetik, Familienleben, Erwerbsarbeit und Freizeit[28]. Vor allem wandelten sich mit den sukzessiven Veränderungen

---

[25] Hopf, Leistungsfähigkeit, S. 202.
[26] A. Hopf/E. Reinhardt, Erfahrungsbericht über die Versorgung mit der Heidelberger pneumatischen Armprothese 1949–1954, in: Archiv für orthopädische und Unfallchirurgie, mit besonderer Berücksichtigung der Frakturenlehre und der orthopädisch-chirurgischen Technik 48 (1956), S. 103–114, hier S. 111.
[27] Kienitz, Körper-Beschädigungen, S. 200.
[28] Vgl. Peter-Paul Bänziger, Arbeiten in der „Konsumgesellschaft". Arbeit und Freizeit als Identitätsangebote um die Mitte des zwanzigsten Jahrhunderts, in:

in den Produktionsregimes, gekennzeichnet durch Automatisierung und elektronische Rechenanlagen, die Leistungsansprüche.

Infolge der Zerlegung der Produktion in Teilfertigungen und einer neuen, hochorganisierten betrieblichen Zusammenarbeit, gingen zumindest teilweise die Anforderungen an körperliche Arbeit zurück, nicht zuletzt weil maschinelle Hilfsmittel die Arbeiten genauer und schneller verrichteten[29]. In den Rehabilitationsdiskursen dieser Zeit betonte man immer wieder die wachsende Nachfrage nach Fach- und Spezialarbeitern, wobei Eigenschaften wie „Zuverlässigkeit", „Ausdauer" und „Intelligenz" zunehmend wichtiger als Muskelkraft erachtet wurden[30]. Mit dieser Entwicklung ging zugleich eine geschlechterspezifische Neukodierung der Wahrnehmung von Arbeit einher. Gegensätzliche Anforderungen – „Muskelkraft" und „Wagemut" bei älteren Produktionstechnologien auf der einen Seite, „Intelligenz", „Zuverlässigkeit" und „analytische Fähigkeiten" bei den automatisierten Produktionsvorgängen auf der anderen – wurden männlich kodiert und auf diese Weise in beiden Fällen als technische Tätigkeitsbereiche und so als Männerdomänen legitimiert[31]. Doch in diesem Kodierungsvorgang spielte die Prothetik für die Remaskulinisierung eine zunehmend untergeordnete Rolle, auch weil die Erfüllung der Leistungsprofile nicht mehr zwangläufig an die technische Restaurierung körperlicher Fertigkeiten gekoppelt war[32].

5. Anpassung und Eigensinn

Die Anpassung und Nutzung einer Prothese war an Formen des praktischen Wissens und an kommunikative Handlungen zwischen Expertengruppen und Kriegsbeschädigten gekoppelt. Kriegsbeschädigte

---

Lars Bluma/Karsten Uhl (Hrsg.), Kontrollierte Arbeit – disziplinierte Körper? Zur Sozial- und Kulturgeschichte der Industriearbeit im 19. und 20. Jahrhundert, Bielefeld 2012, S. 107–136.
[29] Manfred Hofrichter, Berufliche Chancen für Behinderte, in: Die Rehabilitation 1 (1962), S. 16–19, hier S. 17.
30 Werner Boll, Gibt es genügend Plätze für die Eingliederung Behinderter in Arbeit, Beruf und Gesellschaft?, in: Die Rehabilitation 5 (1966), S. 25–30.
[31] Zu diesem vergeschlechtlichen Kodierungsvorgang vgl. am US-amerikanischen Beispiel Judy Wajcman, Technik und Geschlecht. Die feministische Technikdebatte, Frankfurt a.M. 1994, S. 176.
[32] Vgl. Johann Peters, Rehabilitation als unteilbare Aufgabe. Aus der Erfahrung eines Umschulungsbetriebes, in: Die Rehabilitation 2 (1963), S. 20–25.

mussten Körperpraktiken wie Gehen, Schreiben, sich Anziehen oder Essen neu einüben. Prothesen mussten angelegt und manchmal mit Ansatzstücken versehen werden. Doch Quellen, die beispielsweise von Medizinern oder Versorgungsämtern stammen, geben meist lediglich Auskunft über Vorannahmen, nach denen sie die Kriegsbeschädigten in Zahlenreihen zusammenfassten und spezifische Erwartungen formulierten[33]. Sie sind in der Regel als Behandelte, aber nicht als Handelnde sichtbar. Von Problemen der Praxis oder gar von Widerspenstigkeit ist hingegen kaum die Rede. Kurzum: Was in den klassischen Erfolgsnarrativen der Medizin und Technik nur sehr selten zum Vorschein kommt, ist erstens, dass Prothesen oftmals als sperrig wahrgenommen wurden, schwer zu handhaben waren und zuweilen Schmerzen hervorriefen, und zweitens, dass Orthopäden und Prothesenhersteller sich mit technischen Rekonstruktionen von Körpern beschäftigten, die mit dem Alltag der kriegsbeschädigten Männer manchmal wenig zu tun hatten.

Dennoch lassen sich einige Indizien herausschälen, die darauf hinweisen, dass die an Prothesen gekoppelten normativen Erwartungen nicht ohne Widerspruch blieben. Eine Umfrage des Reichsbunds der Kriegs- und Zivilbeschädigten, Sozialrentner und Hinterbliebenen aus dem Jahr 1957 unter Amputierten (über 90 Prozent der Befragten waren Kriegsbeschädigte) gibt einige Hinweise zur Wahrnehmung und Nutzung von Prothesen. Auf die Frage etwa, ob sie mit ihrer Beinprothese allgemein zufrieden seien, antworteten knapp 20 Prozent mit Nein. Knapp die Hälfte der Befragten befand ihre Prothese für zu schwer. Bei den Armprothesen zeichnete die Umfrage ein ähnliches Bild. 30 Prozent der befragten Personen empfanden das Gewicht ihre Prothese als zu hoch, ebenso viele gaben an, dass das „Kunstglied" nicht richtig sitze und Beschwerden hervorrufe. 12 Prozent der Amputierten trugen ihre Prothese nie, 30 Prozent nur teilweise[34].

Die Frage, die sich an dieser Stelle aufdrängt, ist die nach den Gründen, die in den Expertendiskursen ins Feld geführt wurden, wenn die

---

[33] Vgl. etwa Erich Mende, Was sagen die deutschen Amputierten zu ihren Prothesen? Ergebnis einer Repräsentativerhebung zur orthopädischen Versorgung, in: Orthopädie-Technik 9 (1957) H. 7, S. 161–166 (Teil 1), und H. 9, S. 216–220 (Teil 2).
[34] Vgl. Ana Carden-Coyne, Kriegsversehrter, in: What Can a Body do? Praktiken und Figurationen des Körpers in den Kulturwissenschaften, hrsg. vom Netzwerk Körper, Frankfurt a.M./New York 2012, S. 157–165, hier S. 158 ff.

berufliche Eingliederung nicht klappte oder die Kriegsbeschädigten ihre Prothesen nicht oder nur unzureichend zu diesem Zweck verwendeten, wenn sie also so etwas wie Eigensinn andeuteten, indem sie das Verbesserungsangebot zurückwiesen. Aufschlussreich sind in dieser Hinsicht Deutungen der Erfahrungsberichte zum Umgang mit der pneumatischen Prothese in der ersten Hälfte der 1950er Jahre. So ist über denjenigen, die ihre Prothese nicht oder nur selten trugen oder einfach Unzufriedenheit äußerten, zu lesen: „Seine Intelligenz liegt weit unter dem Durchschnitt" oder „Bemüht sich nicht um Handhabung"[35]. Bei einem Befragten vermerkten die Orthopäden Hopf und Reinhardt, dass dieser seine missliche Lage einfach akzeptiert habe und das „Bemitleidenswerte" daran schlicht nicht wahrnehme.

Neben zu niedriger Intelligenz, die dem Erlernen des richtigen Umgangs mit der Prothese im Wege stehe, und einer unterstellten infantilen Selbstgenügsamkeit wurde die Persönlichkeitsstruktur oder, anders gesagt, ein Mangel an männlichem Willen in Rechnung gestellt. Es waren geschlechterspezifische Vorstellungen von Willen und Selbstbeherrschung, die als notwendige Voraussetzungen der Rekonstruktion des als defizitär kategorisierten männlichen Körpers galten. Und wie bereits in den 1930er Jahren waren auch in den 1950er Jahren Stimmen zu vernehmen, die unter den Kriegsbeschädigten eine Gruppe von „Asozialen" zu erkennen glaubten, welche schon aufgrund ihrer biologisch-geistigen Minderwertigkeit unfähig sei, einer Berufstätigkeit nachzugehen[36]. In einem Artikel mit dem Titel „Gedanken zur Psychologie des Amputierten" war von mitleidheischenden und unnützen Männern zu lesen. In diesem Zusammenhang erörterte der Autor auch, ob Kostenermäßigungen und Bewilligung von Sondergratifikationen nicht dazu geeignet wären, in den Kriegsbeschädigten „asoziale Eigenschaften zu züchten", um beschwichtigend entgegenzuhalten, dass man „[a]soziale Wesenszüge" dadurch nicht hervorrufen könne, da diese ohnehin in der Person latent vorhanden seien. In dieser Perspektive wird die entwicklungsoffene und für die Rehabilitation empfängliche Infantilisierung der kriegsbeschädigten Männer mit entwicklungsresistenter „Asozialität" konfrontiert. In diesem Falle

---

[35] Vgl. Hopf/Reinhardt, Erfahrungsbericht, Tabelle 2, S. 106–109; das Folgende nach ebenda, S. 112.
[36] Kurt Göcke, Das Schicksal der Armamputierten, in: Verhandlungen der Deutschen Orthopädischen Gesellschaft. 25. Kongreß, 12.–14.9.1930 in Heidelberg, Stuttgart 1931, S. 152 (Beilagenheft der Zeitschrift Orthopädie 53).

helfe auch die beste Prothese nichts. Solche Männer – so die Schlussfolgerung des Arztes Fritz Jenny 1952 – verdienten

„keine Barmherzigkeit. [...] Als subalterne Gestalten sind sie für ihre Angehörigen mit der Zeit höchstens lästige Plagegeister und kleine Hausdespoten. [...] Leben heißt ja nicht bloß genießen und schlafen, sondern auch arbeiten und an der Arbeit müde und zufrieden werden."[37]

Hier offenbart sich eine zusätzliche Facette der zeittypischen Wahrnehmung des kriegsbeschädigten Körpers als ein dysfunktional-abnormer. Im Zentrum stand nicht schlicht die Verletzung, sondern vielmehr die Zurückweisung des Verbesserungsangebots an das Selbst, das in diesem Zusammenhang vor allem die technische Restaurierung einer männlich interpretierten Funktions- und Leistungsfähigkeit sowohl in der Erwerbstätigkeit als auch im Alltag umfasste.

---

[37] Fritz Jenny, Gedanken zur Psychologie des Amputierten, in: Verhandlungen der Deutschen Orthopädischen Gesellschaft, 39. Kongreß, S. 180–185, hier S. 182.

Sebastian Schlund
Kompensation des „Makels"?
Der organisierte Sport kriegsversehrter Männer in der
Bundesrepublik Deutschland 1950 bis 1968

1. Einleitung

Kriegsversehrte Männer trugen in der Bundesrepublik der 1950er und 1960er Jahre gleich mehrere vermeintliche „Makel": Als Teilnehmer des verlorenen Weltkriegs führten sie in ihrem Körper das „Symbol der Niederlage" bisweilen deutlich sichtbar mit sich[1]. Zugleich suggerierte ihre körperliche Beeinträchtigung nach außen eine im Vergleich zu nichtbehinderten Männern verminderte Leistungsfähigkeit. In der Zuweisung eines individuellen Beeinträchtigungsgrads – der „Minderung der Erwerbsfähigkeit" – schlug sich diese Normabweichung mit Blick auf die Arbeitskraft der betroffenen Männer nieder. Diese selbst empfundenen oder fremd zugeschriebenen „Makel" verwiesen auf die Körper kriegsversehrter Männer und mithin auf deren Maskulinität. Der Sport behinderter Menschen, zeitgenössisch als Versehrtensport bezeichnet, bot die Möglichkeit, sich der weiterhin vorhandenen Arbeitskraft und Männlichkeit zu vergewissern. In gewisser Weise sollte der „Makel" der Kriegsversehrtheit somit kompensiert, im Idealfall gar überwunden werden.

Nach grundlegenden Informationen zum Sport kriegsversehrter Männer im ersten Teil des Beitrags behandelt der zweite Abschnitt eben diese Überwindungsmotive. Dabei wird zwischen der nutzenorientierten Zielsetzung eines staatlich finanzierten Versehrtensports und der Überwindungsanstrengung auf persönlicher Ebene zu unterscheiden sein, um die Wirksamkeit von Kameradschafts- und Männlichkeitsidealen im Versehrtensport einzuordnen. Im dritten Abschnitt ist zu erörtern, welche Hierarchien die Adaption der Kategorien Behinderung und Männlichkeit unter den Versehrtensportlern etablierten. Das Konzept der hegemonialen Männlichkeit wird hierbei als Strukturprinzip verstanden, das Machtrelationen in einem homosozialen Raum erfasst und zu erklären hilft. Im vorliegenden Beispiel betrifft dies das

---

[1] Vgl. Robert G. Moeller, Heimkehr ins Vaterland: Die Remaskulinisierung Westdeutschlands in den fünfziger Jahren, in: MGZ 60 (2001), S. 403–436, hier S. 404.

DOI 10.1515/9783110454802-004

50 Sebastian Schlund

Verhältnis zwischen kriegsversehrten und sogenannten zivilbehinderten Männern, denen im organisierten Versehrtensport der 1950er und 1960er Jahre eine marginale Rolle zukam. Im Sinne der intersektionalen Analyse von Geschlecht und Behinderung soll diese Hierarchie in den Blick genommen werden[2]. Abschließend geht es dann um die Frage, inwiefern sich Kriegsversehrtheit in diesem speziellen Fall nicht nur als „Makel", sondern auch als Tugend interpretieren lässt.

2. Grundlagen des organisierten Versehrtensports in der frühen Bundesrepublik

Der Sport kriegsversehrter Männer bedeutete in den 1950er und 1960er Jahren weniger eine aktive und selbstbestimmte Freizeitbeschäftigung, wie man beim Stichwort Sport auf den ersten Blick vermuten würde. Versehrtensport war vielmehr eine therapeutische Maßnahme für Männer im erwerbsfähigen Alter, der das Motiv der beruflichen Wiederbefähigung zugrunde lag: Durch die zielgerichtete körperliche Ertüchtigung sollten körperlich beeinträchtigte Männer fit für die Erwerbsarbeit gemacht werden. Daher waren staatliche Institutionen an der Etablierung eines möglichst flächendeckenden Sportangebots für kriegsversehrte Männer maßgeblich beteiligt. Als „ergänzende Maßnahme" der Heilbehandlung wurde der Versehrtensport 1956 im Bundesversorgungsgesetz endgültig verankert[3]. Bis zum Ende der 1960er Jahre gehörten dem 1951 gegründeten Deutschen Versehrtensportverband (DVS) etwa 1000 Sportgemeinschaften an, in denen zu Beginn der 1950er Jahre rund 10.000 Menschen mit Behinderung regelmäßig Sport trieben; bis zum Ende der 1960er Jahre stieg die Mitgliederzahl auf nahezu 60.000 an. Der Anteil kriegsversehrter Personen und von Männern (unabhängig von der Ursache ihrer Beeinträchtigung) sank zwar kontinuierlich, doch waren 1969 noch 90 Prozent der Verbandsmitglieder männlich und etwa zwei Drittel kriegsversehrt. Personen, deren körperliche Beeinträchtigung seit Geburt bestand, durch einen Unfall oder eine Krankheit ausgelöst worden war, stellten eine Minder-

---

[2] Das Verständnis von Intersektionalität folgt Katharina Walgenbach, Intersektionalität – eine Einführung, S. 7; http://portal-intersektionalitaet.de/uploads/media/Walgenbach-Einfuehrung.pdf.
[3] Vgl. Fritz Blohmke, Versehrtensport als anerkannte Heilmaßnahme auf Grund der 5. Novelle zum Bundesversorgungsgesetz (BVG), in: Der Versehrtensportler 9 (1956), S. 8.

heit in den Vereinen dar. Frauen waren in den meisten Sportgruppen eine Ausnahme[4].

Seiner Selbstwahrnehmung zufolge erfüllte der DVS mit seinem Sportangebot für behinderte Menschen einen „staatspolitischen Auftrag"[5]. Er unterhielt enge Beziehungen zu staatlichen Institutionen wie dem Bundesministerium für Arbeit und Sozialordnung oder der Versorgungsverwaltung sowie zu Kriegsopferorganisationen. Ein hoher Funktionär des Versehrtensportverbands beschrieb den DVS 1952 sogar als Kind von „Vater Staat" und „Mutter Kriegsopferorganisation"[6]. Zu den beiden „großen Brüdern" Deutscher Turnerbund und Deutscher Sportbund pflegten die Versehrtensportler allerdings weit über den hier gewählten Untersuchungszeitraum hinaus eine deutlich distanziertere Beziehung. In der bundesdeutschen Sportlandschaft nahm der organisierte Versehrtensport somit eine Sonderstellung ein: Er verortete sich selbst geradezu als Anhängsel der staatlichen Kriegsopferversorgung und der großen Kriegsopferverbände wie dem Verband der Kriegsbeschädigten, Kriegshinterbliebenen und Sozialrentner Deutschlands (VdK). Einerseits profitierte der junge DVS zwar von der Verflechtung mit Kriegsopferverbänden, da diese ihre organisatorische Expertise und vor allem ihren politischen Einfluss geltend machten; finanzielle Vergünstigungen nach den Regelungen des BVG gingen nicht zuletzt auf das Lobbying des einflussreichen VdK zurück[7]. Andererseits verstärkte die Nähe zu Kriegsopferverbänden das im DVS verbreitete Selbstverständnis eines Verbands, der in erster Linie den Bedürfnissen kriegsversehrter Männer dienen sollte. Zahlreiche DVS-Funktionäre bekleideten zugleich Ämter im VdK, etliche Vereine an der Basis entstanden erst durch die Hilfe von VdK-Ortsgruppen. Darüber hinaus hatten die maßgeblichen Versehrtensportärzte und Autoren von Übungsprogrammen ihr Fachwissen in den Lazaretten

---

[4] Zahlen nach BArch Koblenz, B 149/68348, Der Bundesminister für Arbeit und Sozialordnung: Übersicht über die Entwicklung der Versehrtenleibesübungen bis Ende 1973.
[5] Eberhard Rosslenbroich, Wir erfüllen einen sozialpolitischen Staatsauftrag, in: 25 Jahre Behindertensport in der Bundesrepublik Deutschland, 1951–1976, hrsg. vom Deutschen Behinderten-Sportverband e.V., Bonn 1976, o.P.
[6] Hawost [sic], In Sachen Zuständigkeit, in: Der Versehrtensportler 4 (1952), S.1f., hier S. 2; das folgende Zitat findet sich ebenda.
[7] Vgl. Jan Stoll, Behinderte Anerkennung? Interessenorganisationen von Menschen mit Behinderungen in Westdeutschland seit 1945, Frankfurt a.M./New York 2017.

des Zweiten Weltkriegs erworben. Sie überführten Sportformen ihres Erfahrungsraums aus einem militärischen Entstehungskontext in die Nachkriegsdekaden.

Auf unterschiedliche Weise prägte den organisierten Versehrtensport der 1950er und 1960er Jahre somit die Gegenwart des Kriegs und seiner Folgen. Vor allem aus der institutionellen Bevorzugung kriegsversehrter Sportler gegenüber zivilbehinderten Vereinskameraden resultierten Konflikte, die weit über die beiden Nachkriegsjahrzehnte hinausreichen sollten. Denn für die Menschen, deren Beeinträchtigung seit der Geburt bestand, auf Krankheit oder einen Unfall zurückging, existierte kein Anspruch auf Finanzierung nach den Regelungen des BVG. Zahlreiche kriegsversehrte Sportler kritisierten, dass sie mit den ausschließlich für sie konzipierten staatlichen Zuschüssen ihre zivilbehinderten Vereinskollegen als „‚Schmarotzer' [...] auf eigene Kosten durchschleppen mussten"[8]. Die Konflikte zwischen diesen beiden Gruppen waren insofern auch eine Konsequenz der behindertenpolitischen Bevorzugung der Kriegsversehrten. Dieses sogenannte kausale Prinzip sollte erst ab Beginn der 1970er Jahre entfernt werden; die gesetzliche Gleichbehandlung aller körperbehinderten Menschen erreichte im Anschluss daran auch den Behindertensport[9]. Bei der Analyse der Verwerfungen zwischen kriegsversehrten und zivilbehinderten Sportlern ist diese finanzielle Dimension mitzudenken.

3. Versehrtensport als Überwindungsstrategie

Aus der Forschungsperspektive der *Disability History* gilt Behinderung nicht als ein im Körper angelegtes Defizit, sondern als von der Umwelt ausgehende Beschränkungen der Lebensgestaltung behinderter Menschen[10]. In der politischen Behindertenbewegung wurde dieser Perspektivwechsel auf die griffige Formel gebracht: „Behindert ist man nicht, behindert wird man." Die heute wissenschaftlich gebräuchlichen Modelle von Behinderung – das soziale und das kulturelle Modell –

---

[8] Bernd Wedemeyer-Kolwe, Vom „Versehrtenturnen" zum Deutschen Behindertensportverband (DBS). Eine Geschichte des deutschen Behindertensports, Hildesheim 2011, S. 158.
[9] Vgl. Elsbeth Bösl, Die Geschichte der Behindertenpolitik in der Bundesrepublik aus Sicht der *Disability History*, in: APuZ 23/2010, S. 6–12, hier S. 8.
[10] Vgl. Gabriele Lingelbach/Sebastian Schlund, Disability History, Version: 1.0, in: Docupedia-Zeitgeschichte, 8.7.2014; http://docupedia.de/images/e/e6/Disability_History.pdf.

weisen unter Berücksichtigung dieser Interpretation stark auf von der Umwelt aufgestellte Barrieren sowie auf den Konstruktionscharakter der Zuschreibung Behinderung hin. Zeitgenössisch herrschte allerdings das sogenannte medizinische Modell vor: Es verortete Behinderung als im Körper der betroffenen Personen angelegte physische, seelische oder geistige Devianz[11].

Eine körperliche Beeinträchtigung wurde im Untersuchungszeitraum sowohl von nichtbehinderten als auch von behinderten Menschen tatsächlich als „Makel" empfunden. Sportlich aktive kriegsversehrte Männer internalisierten somit die Fremdzuschreibung einer vorhandenen körperlichen Normabweichung nach der medizinischen Interpretation von Behinderung. Betroffene Personen sahen sich daher gezwungen, Strategien der Kompensation ihres „Makels" zu entwickeln. Dadurch konnte Behinderung vermeintlich überwunden und sollten behinderte Menschen „normalisiert" werden[12]. Zur zeitgenössischen Normalität gehörte es, dass der Mann einer Erwerbsarbeit nachging, um als Familienernährer zu gelten. Das Bundesministerium für Arbeit gab die Arbeitsfähigkeit körperlich behinderter Menschen als „oberstes Ziel" aller Therapiemaßnahmen aus. Arbeitsfähig zu sein bedeutete somit die Beseitigung oder zumindest die Linderung eines sowohl fremd zugeschriebenen als auch selbst empfundenen „Makels"[13]. Körperliche Behinderung wurde in diesem Sinne bis zu einem gewissen Grad als überwindbar angesehen: Kriegsversehrte Männer erhielten technische Hilfsmittel, mit denen etwa ein „Kunstbeinträger so gehen können [soll], daß er im Straßenbild nicht mehr auffällt"[14]. Der Versehrtensport erfüllte vor diesem Hintergrund die Funktion der „logischen Fortsetzung" von sogenannten Gehschulkursen, in denen sich vor allem Männer mit Gliedmaßenamputationen an

---

[11] Vgl. Anne Waldschmidt, Warum und wozu brauchen die Disability Studies die Disability History? Programmatische Überlegungen, in: Elsbeth Bösl/Anne Klein/Anne Waldschmidt (Hrsg.), Disability History. Konstruktionen von Behinderung in der Geschichte. Eine Einführung, Bielefeld 2010, S. 13–28, hier S. 16 ff.
[12] Vgl. Elsbeth Bösl, Politiken der Normalisierung. Zur Geschichte der Behindertenpolitik in der Bundesrepublik Deutschland, Bielefeld 2009, besonders S. 9.
[13] Landesarchiv NRW, NW 565/78, Bundesministerium für Arbeit an den Bundesrechnungshof, Betr.: Orthopädische Versorgung der Kriegsbeschädigten vom 7.12.1951.
[14] Wolfgang Lettenbaur, Ein kurzer Wegweiser für Versehrte, in: ders./Karl Kurt Karwath (Hrsg.), Wegweiser für Versehrte unter Berücksichtigung für Arm- und Bein-Amputierte, Seelze/Hannover 1950, S. 4–14, hier S. 14.

ihre „Körperersatzstücke" gewöhnten[15]. Indem kriegsversehrte Männer mittels Therapiemaßnahmen ihre Fähigkeit zur Erwerbsarbeit wiedererlangten, näherten sie sich dem Status als „vollwertige" Mitglieder der Gesellschaft an[16]. Diese Logik der versehrtensportlichen Nutzenorientierung – Wilfried Rudloff hat es auf den Punkt gebracht – zielte letztlich darauf, „statt „müßiger Rentenempfänger arbeitsfähige Steuerzahler" zu erhalten[17]. Hierin zeigt sich folglich die Funktion eines weitgehend öffentlich finanzierten Versehrtensports als präventive Entlastung des Sozialstaats.

Die zweite Kompensationsfunktion ist weniger im Kontext sozialstaatlicher Programme als vielmehr im Zusammenhang mit individuellen Verarbeitungsprozessen zu interpretieren: Die sportliche Aktivität an sich stellte für kriegsversehrte Männer ein Mittel zur Selbstvergewisserung dar: Körperliche und sportliche Leistungskraft galten (und gelten teilweise noch immer) als klassische Elemente von Maskulinität[18]. Wer also beachtenswerte sportliche Leistungen erbrachte, bewies seinem Umfeld und sich selbst ungebrochene Männlichkeit. Durch den Sport sollte mithin eine Annäherung sowohl an den eigenen, vormals nichtbehinderten Körper als auch generell – im Sinne einer Normalisierung – an nichtbeeinträchtigte Männerkörper erreicht werden. Jedoch lag gerade in diesem Verhalten ein in den beiden Jahrzehnten häufig diskutierter Widerspruch des Sports behinderter Männer: Denn die maßgeblichen Funktionäre des DVS wiesen in Übereinstimmung mit Sportärzten und der Versorgungsverwaltung immer wieder auf die Gefahr eines übersteigerten Kompensationswillens von Versehrtensportlern hin. Diese müssten einsehen, dass ihnen „vom Schicksal

---

[15] Landesarchiv NRW, NW 565/81, Orthopädische Versorgungsstelle Essen an das Landesversorgungsamt Nordrhein, Betr.: Versehrtensport und Gehschule vom 24.9.1956.
[16] Das Motiv der „Vollwertigkeit" lehnte sich dabei an Überlegungen zum Sport behinderter Menschen an, die man bereits nach dem Ersten Weltkrieg und während der NS-Zeit verfolgt hatte. Vgl. Arthur Mallwitz, Kriegsbeschädigtenfürsorge und Kuranstalten in der Heimat, in: Wilhelm Hoffmann (Hrsg.), Die deutschen Ärzte im Weltkriege. Ihre Leistungen und Erfahrungen, Berlin 1920, S.182–223, hier S.218.
[17] Vgl. Wilfried Rudloff, Überlegungen zur Geschichte der bundesdeutschen Behindertenpolitik, in: ZSR 49 (2003), S. 863–886, hier S. 868.
[18] Vgl. Raewyn Connell, Der gemachte Mann. Konstruktion und Krise von Männlichkeiten, Wiesbaden 4., durchgesehene und erweiterte Aufl. 2015, S. 78 und S. 84f.

neue Grenzen gesteckt wurden", weshalb sie im Vergleich zu nichtbehinderten Sportlern behutsamer mit ihrem beeinträchtigten Körper umgehen müssten[19]. Den Versehrtensportlern wurde folglich ein „uneingestandener Minderwertigkeitskomplex" unterstellt, der das Bild makelbehafteter Männer stützte. Zudem fügte sich das tief verankerte Motiv der zweckorientierten Leibesübungen in die gesetzlichen Rahmenbedingungen des Versehrtensports als funktionaler Therapie. Leistungsvergleich und Wettkampfsport wurden entsprechend eingehegt, da sie als zu riskant galten und Prothesen wie verbliebene Gliedmaßen übermäßig beanspruchten[20]. Beide Kompensationsfunktionen – die sozialpolitische wie die individuelle – einte somit der Vergleich mit nichtbehinderten Männern, die ungebrochen leistungsfähig, viril, maskulin waren.

Allerdings wurde der Vergleich mit der körperlichen Leistungsfähigkeit nichtbehinderter Männer nicht in die Praxis überführt. Versehrtensport und der Sport Nichtbehinderter stellten in den 1950er und 1960er Jahren nämlich zwei weitestgehend voneinander getrennte Sphären dar. Zudem fand der Versehrtensport meist unter Ausschluss der Öffentlichkeit statt[21]. Dieser Umstand war das Ergebnis von Isolation und Selbstabschottung: Die von der mehrheitlich nichtbehinderten Bevölkerung den behinderten Menschen zugewiesene gesellschaftliche Randlage korrespondierte im Fall des Versehrtensports mit spezifischen Schammotiven bei den betroffenen Personen selbst. Schicksalsüberwindung und die Zurückgewinnung von Lebensfreude und körperlicher Leistungsfähigkeit spielten sich vorrangig in homogenen Gruppen „gleichversehrter Kameraden" ab[22]. Dem unmittelbaren

---

[19] Festschrift 10 Jahre Deutscher Versehrtensportverband e.V., 1951–1961, hrsg. vom Deutschen Versehrtensportverband, Geldern 1961, S. 21; das folgende Zitat findet sich ebenda.
[20] Vgl. Wilhelm Thomsen, Orthopädiemechanik und Versehrtensport, in: Orthopädie-Technik 2 (1962), S. 35f., sowie Horst Kosel, Die Entwicklung des Versehrten-/Behindertensports, in: 1951–2001. 50 Jahre „Sport der Behinderten" in Deutschland. Festschrift, hrsg. vom Deutscher Behinderten-Sportverband, Duisburg 2001, S. 13–27, hier S. 16.
[21] So hieß es beispielhaft in einem DVS-Bericht über ein Schwimmfest, man wolle mit dem Versehrtensport nicht die Öffentlichkeit ansprechen. Landesarchiv NRW, NW 565/81, Gerd Sluet: Bericht über das Bundesversehrtenschwimmfest 1956 vom 23.–24.6.1956 in Berlin.
[22] Diese Wendung wurde in Veröffentlichungen des DVS häufig betont; vgl. auch Der Versehrtensportler 9 (1952), S. 5.

Vergleich mit nichtbehinderten Männern wichen die Versehrtensportler somit bewusst aus. Der Schutzraum des Versehrtensports war von nichtbehinderten Menschen, Frauen und anfänglich auch zivilbehinderten Männern nahezu vollständig befreit.

4. Kameradschaftlichkeit und Hierarchisierung

In diesem Zusammenhang drängt sich die Frage auf, welche Hierarchien in diesem homosozialen Raum entstanden, der das Ziel eines gruppenkollektiven Eskapismus sportlich aktiver kriegsversehrter Männer war. Die kriegsversehrten Sportler sahen die Vereine als *ihre* Vereine an: Aufnahme und gleichberechtigte Mitsprache nicht-kriegsversehrter Menschen in den Sportgemeinschaften waren nicht überall der Normalfall. Dies galt für die Spitze des Verbands noch wesentlich stärker als für die Basis: Im Präsidium des DVS und an den maßgeblichen Schaltstellen der Landesverbände befanden sich im Beobachtungszeitraum ausschließlich kriegsversehrte Männer. Es ist von einer Hegemonie dieser Gruppe auszugehen, die sich aus zwei Komponenten speiste: dem Geschlecht und der Kriegsversehrtheit. So kursierte in Versehrtensportkreisen in Abgrenzung zu zivilbehinderten Menschen die Selbstbezeichnung „Edelversehrte"[23]. Dieses Selbstbild kann als eine spezifische Form von hegemonialer Männlichkeit im Sinne Raewyn Connells als Autoritäts- und Machtkategorie angesehen werden, die ausschließlich im separierten Raum des organisierten Versehrtensports funktionierte[24]. Hier wurde hegemoniale Männlichkeit also weniger als beim Motiv der Überwindung an die Leistungsnormen nichtbehinderter Männer gekoppelt, sondern stärker in Abhängigkeit von der *Ursache* der körperlichen Beeinträchtigung konstruiert.

Das Selbstverständnis der kriegsversehrten Männer wurde sicherlich durch die sozialpolitische Bevorzugung seitens staatlicher Institutionen befördert. Doch spielte darüber hinaus die ständige Betonung eines nach innen vergemeinschaftenden, aber nach außen exkludierenden Kameradschaftsideals eine zentrale Rolle als Machtinstrument. Geradezu obligatorisch fanden vor allem in den 1950er Jahren bei regionalen und überregionalen Versehrtensporttreffen Kranzniederlegun-

---

[23] Vgl. zur Selbstbezeichnung als „Edelversehrte" Wedemeyer-Kolwe, Versehrtenturnen, S. 157 f.
[24] Vgl. Raewyn Connell, Gender, hrsg. von Ilse Lenz und Michael Meuser, Wiesbaden 2013, S. 107.

gen statt. Zum einen wurde damit der im Krieg getöteten Kameraden gedacht, zum anderen manifestierten diese Zeremonien den kameradschaftlichen Zusammenhalt und die kollektive Identität als Verband kriegsversehrter Männer immer wieder aufs Neue[25]. Kriegsversehrtheit und Kriegserfahrung konstituierten folglich eine *In-Group*, die im Anschluss an Thomas Kühnes Forschungen zu Kameradschaftlichkeit auch die Funktion einer Ersatzfamilie erfüllte[26]. Wie Jörg Echternkamp mit ähnlicher Kernaussage ausführte, fand in der „Pflege der ‚Kameradschaft' […] die Sehnsucht nach Gemeinschaft ihre Fortsetzung, die während des Krieges eine Antriebskraft für das Durchhaltevermögen der Soldaten gewesen war"[27]. Ein im offiziellen Organ des Versehrtensportverbandes 1952 veröffentlichter Artikel bestätigt die Omnipräsenz des „Kameradschaftsgedankens im Versehrtensport":

„Die Kameradschaftsidee schafft eine Kameradschaftsmoral, die das Mit- und Füreinandersein in feiner Weise reguliert. So wird das Verhalten der Sportkameraden untereinander von einem beispielhaften Zartgefühl bestimmt, das sich hinter männlicher Herbheit verbirgt und nichts mit Sentimentalität tun hat. […] Deswegen gibt es keinen Versehrtensport ohne Pflege der Kameradschaft, und darum gibt es auch kaum eine vollkommenere Kameradschaft als im Versehrtensport."[28]

Dem Autor schien es offenbar geboten, einer vermeintlichen Verweichlichung des Kameradschaftsgedankens entgegenzuwirken. In den Versehrtensportgemeinschaften wurden folglich als traditionell maskulin verstandene Verhaltensweisen propagiert. Karl Mierke sah zudem Eigenschaften wie „Aufrichtigkeit" und „Ritterlichkeit" als verpflichtende Elemente eines funktionierenden Kameradschaftsbunds an. Indem Versehrtensportler diese Werte hochhielten, setzten sie sich zugleich

---

[25] Vgl. etwa Hawost [sic], 700 im Wettbewerb der Freude! 3. Deutsches Versehrtensportfest in List Sylt vom 6. bis 9.9.1952 wurde ein großer Erfolg. Aktive Teilnahme von finnischen und ostzonalen Vertretern – Starke Beachtung der Veranstaltung durch Regierung, Presse u. Rundfunk, in: Der Versehrtensportler 10 (1952), S. 1f.
[26] Zum Begriff der Ersatzfamilie vgl. Martschukat/Stieglitz, Männlichkeiten, S. 125, zur gegenseitigen Fürsorge, die Veteranen aus Kriegszeiten in den Nachkrieg übertrugen, vgl. Thomas Kühne, Kameradschaft. Die Soldaten des nationalsozialistischen Krieges und das 20. Jahrhundert, Göttingen 2006, S. 214.
[27] Jörg Echternkamp, Soldaten im Nachkrieg. Historische Deutungskonflikte und westdeutsche Demokratisierung 1945–1955, München 2014, S. 198.
[28] Karl Mierke, Der Kameradschaftsgedanke im Versehrtensport, in: Der Versehrtensportler 3 (1952), S. 1f., hier S. 1; das folgende Zitat findet sich ebenda.

bewusst von anderen behinderten Menschen ab. Der Vorsitzende der Versehrtensportgemeinschaft Essen, Ernst Dieckhöfer, verkündete 1962, die Versehrtensportler müssten „unter den Versehrten die Elite sein". Sie sollten sich abheben von

> „den elendigen, zwielichtigen Krüppeln, die ihre versehrten Glieder zur Schau stellen und als Bettler auf der Straße oder als Asoziale zu nächtlicher Stunde am Hauptbahnhof anzutreffen sind. Die Versehrten-Sportgemeinschaft darf nie ein Tummelplatz für Intriganten, Querulanten, Spesenritter sein."[29]

Mit jenen „Spesenrittern", die „rigoros ausgeschaltet" werden müssten, meinte Dieckhöfer jene Sportler, die sich die Teilnahme am Versehrtensport illegitimerweise vom Staat finanzieren ließen. Der Autor erwähnte zwar zivilbehinderte Menschen nicht explizit, doch wurden diese analog zu Dieckhöfers Argumentation von zahlreichen kriegsversehrten Sportlern als „Schmarotzer" herabgewürdigt, die sich auf Kosten der Kriegsversehrten finanziell mitschleppen ließen[30].

Wie Dieckhöfers Eingaben anschaulich demonstrieren, war ein soldatischer Ton in einigen Versehrtensportgemeinschaften an der Tagesordnung. Dies vermag im Licht der Feststellung von Jürgen Martschukat und Olaf Stieglitz kaum zu überraschen, dass keine Sphären stärker mit „einer als maskulin assoziierten Sprache und Symbolik" verbunden sind als das Militär und der Sport[31]. Im Sport kriegsversehrter Männer traten diese beiden Sphären in kombinierter Form auf. Auf viele zivilbehinderte Menschen wirkte diese Prägung zwar abschreckend. Für das Selbstbild und die Etablierung eines Zusammengehörigkeitsgefühls der kriegsversehrten Sportler war die Pflege eines militärisch anmutenden Habitus hingegen fundamental. Sich selbst militärisch-heroisch zu stilisieren, half zahlreichen versehrten Veteranen bei der Annäherung an ein kriegerisches Männlichkeitsideal[32]. Dieses Ideal war im Nationalsozialismus auf die Spitze getrieben worden und wirkte im isolierten Raum des Versehrtensports länger fort als in der Gesamt-

---

[29] Ernst Dieckhöfer, Hier spricht der VSG-Vorsitzende als einer für viele!, in: Der Versehrtensportler 11 (1962), S. 172f., hier S. 173.
[30] Vgl. Wedemeyer-Kolwe, Versehrtenturnen, S. 158; BArch Koblenz, B 189/20880, Versehrtensportgemeinschaft Bonn e.V. an das Bundesministerium für Jugend, Familie und Gesundheit vom 6.9.1971.
[31] Martschukat/Stieglitz, Männlichkeiten, S. 123.
[32] Vgl. Echternkamp, Nachkrieg, S. 44–54, und Nils Löffelbein, Ehrenbürger der Nation. Die Kriegsbeschädigten des Ersten Weltkriegs in Politik und Propaganda des Nationalsozialismus, Essen 2013.

gesellschaft, die in den 1950er Jahren die Rolle des Mannes als zivilen Familienernährer gegenüber militärisch konnotierten Männlichkeitsvorstellungen in den Vordergrund rückte.

Vergemeinschaftung durch Kameradschaft im Versehrtensport spiegelte folglich ein klassisches männerbündisches Verhalten wider: Hier ist – um mit Michael Meuser zu sprechen – von einer Hierarchie auszugehen, die sich in Gestalt von Ausgrenzungen und Subordinationsverhältnissen manifestierte. Hegemoniale Männlichkeit im homosozialen Raum des Versehrtensports wirkte somit als Exklusionsstrategie, als „Abwertung und Ausgrenzung anderer Formen von Männlichkeit"[33]. Connell bezeichnete diese als „untergeordnete und marginalisierte" Männlichkeiten[34]. Das Konzept der hegemonialen Männlichkeit als Machtkategorie in einem homosozialen Raum hilft mithin, die Auseinandersetzungen zwischen kriegs- und zivilbehinderten Behindertensportlern zu verstehen. An der sich abzeichnenden und in den 1970er Jahren stark dynamisierten Wandlung des Versehrtensports hin zum Behindertensport, der sich nicht nur dem Namen nach nun allen Menschen mit Behinderung öffnete, lässt sich das Verschwinden einer vormals hegemonialen Identität festmachen. *Ihre* Vereine und *ihre* finanziellen Mittel zu teilen, fiel den kriegsversehrten Sportlern schwer. Diese Verlustgefühle wurden zusätzlich verstärkt, weil nun immer mehr zivilbehinderte Menschen zu Vereinskameraden wurden: Die zuvor auf der Kriegsversehrtheit basierende Kohäsion schwächte sich durch den Zustrom von Sportlerinnen und Sportlern ab, die dem Selbstbild zahlreicher alteingesessener Versehrtensportler nicht entsprachen.

5. Kriegsversehrtheit als Tugend?

Die Hegemonie kriegsversehrter Männer im homosozialen Raum des Versehrtensports der 1950er und 1960er Jahre lässt den vermeintlichen „Makel" der Kriegsversehrtheit in einem neuen Licht erscheinen. Erstens kommt der Begriff „Makel" grundsätzlich mehr einer Zuschreibung denn einem universell anerkannten Faktum gleich. Zweitens plädiert der vorliegende Beitrag dafür, „Makel" als relational zu begreifen. Was

---

[33] Michael Meuser, Geschlecht und Männlichkeit. Soziologische Theorie und kulturelle Deutungsmuster, Wiesbaden 2., überarbeitete und aktualisierte Aufl. 2006, S. 103 f.
[34] Connell, Mann, S. 133 ff.

zeitgenössisch für nichtbehinderte Menschen als „Makel" körperlicher Versehrtheit und damit einhergehender ästhetischer und leistungsbezogener Defizite gesehen wurde, erscheint aus einer anderen Warte als „Ehrenmal"[35]. Dabei ist unerheblich, dass sich die vorherrschende gesellschaftliche Sicht auf Kriegsversehrtheit von heroisierenden Motiven der ersten Hälfte des 20. Jahrhunderts zu verabschieden begann. Denn etliche Kriegsversehrte des Zweiten Weltkriegs erhielten eine an vergangene Heldenstilisierung angelehnte Selbstdeutung in bestimmten Nischen aufrecht. Zu diesen öffentlich wenig beachteten Bereichen zählte der organisierte Versehrtensport. Mitglieder der Sportgruppen leiteten aus der Ursache ihrer Lebenslage nicht nur einen grundsätzlichen Anspruch auf die staatliche Förderung ihres Sportbetriebs ab, sondern gründeten darauf auch eine interne Hierarchie. Die Rangfolge ergab sich dabei maßgeblich aus der Verschränkung von Behinderungs- und Männlichkeitsvorstellungen. Die im Vergleich zu nichtbehinderten Männern empfundene „Minderwertigkeit" kriegsversehrter Männer hatte die Marginalisierung zivilbehinderter Männer zur Folge. Dieser Mechanismus erscheint so als Teil einer innerhalb des homosozialen Raums wirkenden, aber gleichzeitig aus diesem herausreichenden Kompensationsstrategie. Schließlich bedeutete die Abwertung zivilbehinderter Männer im Umkehrschluss in der Wahrnehmung kriegsversehrter Männer eine Selbstaufwertung. Hierin lag eine nicht zu unterschätzende Möglichkeit, den von außen zugewiesenen „Makel" zumindest in einem begrenzten Rahmen zu einer Tugend umzudeuten. Träger des „Ehrenmals Kriegsversehrtheit" erhielten Zugang zum Kameradschaftsbund der Versehrtensportler. Wer dieses Merkmal nicht aufwies, war im Gefüge hierarchisierter Männlichkeiten von Abwertung und Ausschluss betroffen.

Die im Rückblick feststellbare und zeitgenössisch von einigen Sportgemeinschaften unumwunden eingeräumte Abgrenzung von kriegsversehrten gegenüber zivilbehinderten Sportlern[36] lässt sich durch eine intersektionale Perspektive auf den Untersuchungsgegenstand

---

[35] Die Bezeichnung „Ehrenmal" führte Sabine Kienitz (Beschädigte Helden. Kriegsinvalidität und Körperbilder 1914–1923, Paderborn u.a. 2008, S. 206) mit Bezug auf die „beschädigten Helden" des Ersten Weltkriegs an. Im Selbstbild zahlreicher Versehrtensportler der frühen Bundesrepublik hatte diese Interpretation fortdauernde Gültigkeit.
[36] Vgl. beispielhaft 50 Jahre VSG, 1952–2002, hrsg. von der Versehrten-Sportgemeinschaft Wetzlar, Wetzlar 2002, S. 28.

erklären. Raewyn Connell führte aus, das Geschlecht stehe auf dem Spiel, „wenn Sport nicht mehr betrieben werden kann, zum Beispiel als Folge einer körperlichen Behinderung"[37]. Wenn Männer mit einer körperlichen Behinderung weiterhin Sport trieben, bewiesen sie also ihre ungebrochene Maskulinität. Im Sport kriegsversehrter Männer bündelten sich folglich Kompensationsstrategien, die sowohl auf die Rekonstruktion von Männlichkeit als auch auf die Bewältigung der körperlichen Beeinträchtigung zielten. Die versehrtensportliche Rangfolge erscheint dabei als Nebenprodukt dieser Verhaltensweisen, die erst durch die verschränkte Analyse von Geschlechterbildern und Sichtweisen auf Behinderung deutlich wird. Rückblickende Deutungen und zeitgenössische Zuschreibungen von vermeintlichen „Makeln" sind im Sinne einer Analyse der Überkreuzungen verschiedener Ungleichheitskategorien wie Geschlecht und Behinderung zu differenzieren und in ihren jeweiligen Bedeutungszusammenhang einzuordnen. Letztlich kann dadurch das Postulat eines zweifelsfrei vorhandenen „Makels" differenziert und das Verständnis sich wechselseitig beeinflussender Ungleichheitskategorien verbessert werden.

---

[37] Connell, Mann, S. 106.

Britta-Marie Schenk
Freie Männer?
Männlichkeitskonstruktionen von Hamburger Obdachlosen in den 1950er Jahren

1. Fragmentiertes Paradies

„Hamburg ist das Paradies der Obdachlosen", postulierte die Zeitung „Die Kirche in Hamburg" 1957[1]. Diese Kritik an dem vermeintlich liberalen Umgang der zuständigen Hamburger Behörden mit obdachlosen Menschen stützte sich auf die zunehmende Anzahl an Obdachlosen, die in die Stadt gekommen waren. Behördenvertreterinnen und -vertreter beschäftigte dieser Artikel eine Zeit lang, denn sie bemühten sich in den 1950er Jahren, Restriktionen gegenüber Wohnungslosen durchzusetzen[2]. Auf Erkundungsreisen in die Obdachlosenunterkünfte Kölns und Münchens hatte die Hamburger Sozialbehörde festgestellt, dass dort strengere Aufnahme- und Aufenthaltsbestimmungen herrschten, die nun auch in Hamburg eingeführt werden sollten. Die Sozialbehörde störte sich allein an dem Bild, das die Presse von ihr zeichnete; über die Zielsetzung einer restriktiveren Obdachlosenpolitik waren sich Presse und Behörde jedoch einig.

Dieses Ziel speiste sich aus einer Sicht auf Obdachlose als „Müssiggänger und Trinker"[3] und oftmals noch als „asoziale Elemente"[4]. Sozialwissenschaftler, Journalisten und Behördenmitarbeiter bedienten sich damit tradierter Erklärungsmuster, die bereits im 19. Jahrhundert virulent waren. So führten Verantwortliche und Experten Wohnungs-

---

[1] Johann-Christoph Hampe, Bummler, Bettler und Zigeuner. Hamburg ist das Paradies der Obdachlosen, in: Die Kirche in Hamburg vom 18.8.1957, S. 3.
[2] StAHH, 351–10 II/1, Auszug aus der Niederschrift über die 38. Sitzung des Verwaltungsausschusses für Angelegenheiten der offenen Fürsorge (6/57) vom 28.10.1957.
[3] StAHH, 351–10 II/4, Bl. 597, Frau Schmidt (stellvertretende Heimleiterin im „Pik As") an Regierungs-Oberamtmann Gäth, Wohnlagerverwaltung vom 10.7.1961.
[4] Drucksache für die Senatssitzung Nr. 657 vom 23.6.1953: Große Anfrage des Abgeordneten Blumenfeld und Genossen an den Senat (Nr. 6), betreffend Notunterkünfte, S. 1, in: Mitteilungen des Senats an die Bürgerschaft, hrsg. vom Hamburger Senat, Hamburg 1862–1966.

DOI 10.1515/9783110454802-005

losigkeit größtenteils auf individuelle Gründe zurück[5]. Diese Ansicht teilte auch die zuständige Hamburger Sozialsenatorin Emilie Kiep-Altenloh (FDP), wenn sie in ihrer Antwort auf eine der zahlreichen Anwohnerbeschwerden über das „Pik As", Hamburgs älteste Einrichtung für alleinstehende männliche Obdachlose[6], das von ihr missbilligte „Verhalten vieler Obdachloser" mit „Veranlagungsfehler[n], Störungen der geistigen und seelischen Organisation sowie asoziale[n] Charakterzüge[n]" erklärte[7]. Diese Biologisierungen, Psychologisierungen und Pathologisierungen sozialer Lebenslagen in der Bewertung von Obdachlosen sind teilweise bis heute wirksam[8].

Im Kontext einer sich konstituierenden Wohlstandsgesellschaft, in der es den meisten Männern gelang, ihren Lebensstandard und ihre Wohnsituation zu verbessern, galten Obdachlose als Symbol für sozialen Abstieg und damit auch für die Fragilität des Erfolgs. Insbesondere alleinstehende arbeitslose Männer, die mehrheitlich im „Pik As" Unterkunft fanden, waren mit dem „Makel" behaftet, aus der Rolle des durchsetzungsstarken, beruflich erfolgreichen Familienvaters und Ernährers herauszufallen. Diese dominierende Vorstellung des idealen Mannes beschreibt die Forschung als Ergebnis einer Remaskulinisierung und deutet sie als Reaktion auf eine „Krise der Männlichkeit" nach dem Zweiten Weltkrieg[9]. Der gesamtgesellschaftliche Anspruch dieser These kann auch durch die Analyse von Randgruppen und ihren Männlichkeitskonstruktionen überprüft werden. Das Fallbeispiel der Obdachlosen im „Pik As" eignet sich hierfür, da die Einrichtung einen homosozialen Raum bildete, in dem Männlichkeit besonders sichtbar wurde.

Aus dieser Perspektive stellt sich zudem die Frage, wie sich die obdachlosen Männer im „Pik As" in der von der bisherigen Forschung

---

[5] Vgl. Heinz Abels/Berndt Keller, Obdachlose. Zur gesellschaftlichen Definition und Lage einer sozialen Randgruppe, Opladen 1974, S. 11–24.
[6] Vgl. Wolfgang Ayaß, Vom „Pik As" ins „Kola-Fu". Die Verfolgung der Bettler und Obdachlosen durch die Hamburger Sozialverwaltung, in: Verachtet – verfolgt – vernichtet. Zu den „vergessenen" Opfern des NS-Regimes, hrsg. von der Projektgruppe für die vergessenen Opfer des NS-Regimes in Hamburg e.V., Hamburg ²1988, S. 152–171, hier S. 154.
[7] StAHH, 351-10 II, Abschrift der Antwort von Emilie Kiep-Altenloh an Willy Klockhaus vom 29.6.1954.
[8] Vgl. Eckhard Rohrmann, Zur Pathologisierung von Armut und Wohnungsnot in Geschichte und Gegenwart, in: Roland Anhorn/Marcus Balzereit (Hrsg.), Handbuch Therapeutisierung und Soziale Arbeit, Wiesbaden 2016, S. 803–836.
[9] Vgl. dazu im Einzelnen die Einleitung zu diesem Band.

konstatierten Remaskulinisierung der gesamten westdeutschen Gesellschaft verorten lassen. Durchkreuzten Obdachlose die Remaskulinisierung, weil sie durch ihren Familienstand, ihre Arbeitslosigkeit und ihre eingeschränkten Konsummöglichkeiten den Hauptmerkmalen dieser Entwicklung nicht entsprachen? Existierten also alternative Männlichkeitskonzeptionen? Oder beteiligten sich die Obdachlosen nur auf andere Art und Weise daran, indem sie vergleichbare Männlichkeitsmuster an den Tag legten wie Männer, denen keine oder doch deutlich weniger „Makel" attestiert wurden?

Finanzielle Lage, sozialer Status und Image wiesen männlichen Obdachlosen eine marginalisierte Männlichkeit zu, über die sich die hegemoniale Männlichkeit stabilisieren konnte, unter Umständen aber auch in Frage gestellt wurde. Diese ebenso selbstreferentielle wie homogene soziale Klassifikation von Obdachlosen ist jedoch nur die eine Hälfte einer Geschichte der Obdachlosigkeit in der frühen Bundesrepublik. Es ist eine Perspektivenerweiterung erforderlich, welche die Obdachlosen selbst einbezieht. Genau dies beabsichtigt der vorliegende Beitrag. Denn erst wenn die Reaktionen, Selbstverständnisse und Widerständigkeiten der Betroffenen betrachtet werden, lässt sich Obdachlosigkeit als soziales Phänomen umfassender beleuchten. Dies gilt insbesondere, weil die Betroffenen gegen die ihnen zugewiesene Rolle rebellierten, andere Bilder von sich entwarfen und darin als Akteure sichtbar werden. Diese Betrachtungsweise reagiert auf Forschungen zur Geschichte der Männlichkeiten im 20. Jahrhundert, die zeigen, dass die Analyse von Selbstbildern marginalisierter Männlichkeiten vielschichtige Männlichkeitskonstruktionen zu Tage fördert[10], da sie genereller nach dem Wechselverhältnis zwischen sozialer Erwartung und Selbstentwürfen für Menschen mit Randgruppenstatus fragt.

Die Obdachlosen des „Pik As" hielten den zitierten Wahrnehmungen – so meine These – verschiedene andere, eigene Männlichkeitsentwürfe entgegen. Zentral für ihr Selbstverständnis als Mann waren ein selbstbestimmtes Leben und eine von dem Mehrheitsideal abweichende Bewertung von Arbeit; zwei Faktoren, die Konfrontations- und Konfliktpotenzial bargen. Gestützt auf Raewyn Connells Konzept relationaler Männlichkeiten wird herausgearbeitet, inwiefern konfrontatives Verhalten gegenüber dem Betreuungspersonal eben nicht allein

---

[10] Vgl. Martin Lengwiler, In kleinen Schritten: Der Wandel von Männlichkeiten im 20. Jahrhundert, in: L'Homme 19 (2008) H. 2, S. 75–94, hier S. 87 ff.

Aspekte marginalisierter, sondern ebenso hegemonialer, aber auch komplizenhafter Männlichkeiten beinhaltete. Daraus ergibt sich ein differenziertes Bild verschiedener Männlichkeitsvorstellungen, das im Gegensatz zum öffentlichen Bild einer marginalisierten Männlichkeit von Obdachlosen steht.

In einem ersten Schritt wird das sozialräumliche Setting im „Pik As" erklärt, in dem alleinstehende obdachlose Männer agierten. Der Fokus liegt dabei auf Binnenhierarchien zwischen den Obdachlosen, über die machtgestützte Zugehörigkeiten zu Männlichkeitshegemonien ausgehandelt wurden. Im zweiten Abschnitt wird anhand zweier Konfliktsituationen zwischen Heimleitung, Fürsorgerin und verschiedenen Gruppen obdachloser Männer aufgezeigt, wie marginalisierte Männer Elemente hegemonialer Männlichkeiten oder Gegenpositionen dazu in die Auseinandersetzungen einbrachten. Am Ende des Beitrags stehen die Zusammenführung der verschiedenen Männlichkeitsentwürfe sowie die ihnen beizumessende Bedeutung für eine Geschichte der Obdachlosigkeit, die einen Schwerpunkt auf Betroffene und ihr Handeln legt.

2. Männlichkeiten in den Binnenhierarchien des „Pik As"

Das „Pik As" unterlag in den 1950er Jahren entscheidenden strukturellen Veränderungen; die wichtigste betraf die Herkunft der Übernachtungsgäste. In den ersten Nachkriegsjahren beherbergte die Einrichtung eine sozial breit diversifizierte Gruppe von Menschen, die keine Unterkunft hatten: Darunter befanden sich ausgebombte oder vertriebene Familien, ausländische Seeleute, Kriegsheimkehrer, von den Behörden aufgegriffene Jugendliche, aber auch zwangseingewiesene „gefallene" Mädchen. Wie in vielen anderen westdeutschen Städten auch, ließ die Sozialbehörde die Übernachtungsstätte in den 1950er Jahren räumen[11]. Im November 1950 wurde das „Pik As" wieder „seinem ursprünglichen Zweck als Obdachlosenhaus" zugeführt[12]. Bis 1955 fand dort aber noch eine Vielzahl von obdachlosen Familien Unterkunft, die wegen Mietschulden Räumungsklagen erhalten hatten oder durch städtische Sanierungsvorhaben aus den preisgünstigen Kellerwoh-

---

[11] Vgl. Werner Durth, Vom Überleben. Zwischen totalem Krieg und Währungsreform, in: Ingeborg Flagge (Hrsg.), Geschichte des Wohnens, Bd. 5: 1945 bis heute. Aufbau, Neubau, Umbau, Stuttgart 1999, S. 17–79.
[12] StAHH, 351-10 II/2, Bl. 387, Umverlegungsverfügung vom 12.11.1954.

nungen ausziehen mussten[13]. Zeitgenössisch ging man jedoch davon aus, dass alleinstehende obdachlose Männer eine Gefahr für die sittliche Entwicklung von Kindern darstellten[14]. Sie wurde als so massiv angesehen, dass trotz permanenten Platzmangels eine Umquartierung der Familien in die ohnehin überfüllten Wohnlager erfolgte. Diese zusätzliche Deklassierung alleinstehender obdachloser Männer deutet sich in der von Emilie Kiep-Altenloh gebrauchten Krankheitsmetaphorik exemplarisch an.

Mit Ausnahme der sogenannten Isolierstation im zweiten Stock, auf der zwangseingewiesene Mädchen streng abgetrennt in Zellen verwahrt wurden, war das „Pik As" ab Anfang 1955 eine reine Übernachtungsstätte für alleinstehende obdachlose Männer[15]. Es handelte sich demnach ab diesem Zeitpunkt um eine weitestgehend homosoziale Sphäre, in der Männer auf engstem Raum die Nacht miteinander verbrachten. Die circa 600 Männer[16], die Ende der 1950er Jahre pro Nacht dort unterkamen, schliefen in großen Schlafsälen auf Drahtbetten ohne Decken. Morgens um sieben Uhr mussten sie die Einrichtung verlassen und bis zum Abend auf Einlass warten. Konnten sie zahlen, kostete eine Übernachtung 30 Pfennig.

Neben arbeits- und besitzlosen Männern nutzten in den 1950er Jahren auch saisonal beschäftigte Hafenarbeiter das „Pik As" als Unterkunft. Dies hatte mindestens drei Gründe: Erstens verdienten sie so wenig, dass es ihnen oftmals nicht möglich war, sich für die Dauer ihres Arbeitsverhältnisses eine teurere Unterkunft zu leisten, zweitens herrschte in Hamburg ein eklatanter Mangel an bezahlbarem Wohnraum für Geringverdiener, und drittens war die Lage des „Pik As" in der Neustädter Straße günstig, war der Hafen doch fußläufig zu erreichen. Zwischen den meist von außerhalb kommenden Hafenarbeitern und den ortsansässigen Männern ohne Arbeit entwickelten sich im „Pik As" vielfältige Beziehungen, in denen sich das Differenzverhält-

---

[13] Vgl. Hamburger Volkszeitung vom 4.1.1951: „31 Familien ‚an die Luft gesetzt'! Starkes Polizeiaufgebot bei der zwangsweisen Räumung von Kellerwohnungen in der Beltgens-Garten-Straße".
[14] Vgl. Christoph Lorke, Armut im geteilten Deutschland. Die Wahrnehmung sozialer Randlagen in der Bundesrepublik und der DDR, Frankfurt a.M./New York 2015, S. 177.
[15] StAHH, 351–10 II/1, Bl. 1, Vermerk vom 6.6.1956.
[16] StAHH, 351–10 II/3, Bl. 403, Polizeidirektor Kröger, Polizeigruppe West, an die Sozialbehörde vom 7.2.1955.

nis zwischen verschiedenen Männlichkeiten entfaltete. Darin nahmen die Hafenarbeiter hegemoniale Positionen ein, während die Obdachlosen marginalisiert wurden. Diese Interaktionen waren meist von einer klaren Hierarchie geprägt, die im konkreten Alltagsverhalten zum Ausdruck kam: Einige Hafenarbeiter leisteten sich sogenannte „Bedienstete" unter den arbeitslosen Obdachlosen, die für sie tagsüber Botengänge erledigten und abends ihr Bett richteten[17]. Mal bezahlten sie sie dafür, mal unterließen sie es. Hierarchische Unterschiede wurden hier also monetär und in alltäglichen Abhängigkeitsverhältnissen manifestiert. Häufig kam es deswegen zu Streitigkeiten, die sich aber nicht auf Proteste der Geprellten beschränkten. An der Tagesordnung waren auch Handgreiflichkeiten unter den marginalisierten Männern selbst, die sich untereinander die (unsichere) Verdienstmöglichkeit neideten und sich um den in Aussicht gestellten „Job" stritten.

Das entscheidende Kriterium für die Hierarchisierung bildeten der finanzielle Status und die damit zusammenhängende Arbeitssituation der „Pik As"-Bewohner, nicht aber Männlichkeit. Da Männlichkeit aber meist im Zusammenhang mit anderen Differenzkategorien auftritt, die Connells Männlichkeitsformen sozial abstützen, lassen sich in der geschilderten Hierarchisierung vielfältige Repräsentationen von Männlichkeit erkennen. Diese gehen über eine einfache Zuweisung marginalisierter Männlichkeit für alle Obdachlosen oder gar für alle „Pik As"-Bewohner hinaus. In diesem Sinne können für die 1950er Jahre drei Gruppen von Bewohnern ausgemacht werden, die wiederum mindestens vier verschiedene Männlichkeiten innerhalb des Mikrokosmos „Pik As" repräsentieren: Erstens die Hafenarbeiter, die durch ihre finanzielle Besserstellung an das hegemoniale Männlichkeitsmuster angelehnt waren. Allerdings repräsentierten die Hafenarbeiter nur im „Pik As" und nur in Relation zu den anderen Insassen diese Form hegemonialer Männlichkeit. Außerhalb gehörten sie als Arbeiter nicht zur sozialen Elite. Zweitens verweisen die von den Hafenarbeitern beschäftigten „Bediensteten" auf Komplizenschaft: Zum einen waren sie tatsächliche Komplizen der Hafenarbeiter im Sinne ihrer Handlangertätigkeiten. Zum anderen entsprachen sie durch ihre sozial nicht anerkannte Tätigkeit keineswegs dem hegemonialen Männlichkeitsideal,

---

[17] Vgl. Annette Stassen, Am Rand und mittendrin. Ein Rückblick auf 100 Jahre Pik As, in: Uta Mertens/Heike Ollertz (Hrsg.), Pik As. 100 Jahre Nachtasyl, Hamburg 2013, S. 146–153, hier S. 151f.

stützten aber durch ihr Mitwirken die hegemoniale Männlichkeitskonstruktion der Hafenarbeiter. Außerdem sind sie aber vor allem deshalb als Vertreter einer komplizenhaften Männlichkeit einzuordnen, weil sie – wenn auch nur im geringen Umfang – von der Verbindung zu den Hafenarbeitern profitierten.

Drittens lebten im „Pik As" noch jene Männer, die keine Dienstleistungen für die Hafenarbeiter verrichteten, weil sie nicht ausgewählt wurden, nicht in der Lage waren, die Tätigkeiten auszuführen oder dies schlicht ablehnten. Im Mikrokosmos des „Pik As" repräsentierten sie eine marginalisierte Männlichkeit oder aber eine nonkonforme Männlichkeit – vorausgesetzt, sie lehnten einen solchen Zuverdienst ganz bewusst ab, weil sie diese Form der Anbiederung verurteilten oder eben doch etwas mehr Geld als die anderen Männer hatten. Im ersten Fall könnte man argumentieren, dass hegemoniale Männlichkeit hier fragilisiert wurde, da einige Obdachlose in der Binnenhierarchie des „Pik As" monetär abgestützte Autoritarismen in Frage stellten. Die zweite denkbare Möglichkeit würde hingegen eher auf eine Stabilisierung hegemonialer Männlichkeit hinweisen, da die auf Finanzkraft beruhende Binnenhierarchisierung bestehen blieb.

3. Freiheit und Arbeitsverweigerung: hegemoniale und nonkonforme Männlichkeiten

Ende der 1950er Jahre stiegen die Bewohnerzahlen noch einmal an. Bis zu 850 Männer suchten nachts das „Pik As" auf[18]. Ausschlaggebend für eine auf den ersten Blick ungewöhnliche Maßnahme war nicht die Überbelegung allein, sondern auch die Altersstruktur der Männer im „Pik As": 1957 waren die meisten Männer dort zwischen 50 und 60 Jahre alt. Zudem nutzte eine Reihe von Männern über 65 Jahren regelmäßig die Übernachtungsstätte. Amtmann Gäth von der Sozialbehörde und Heimleiter Toelge organisierten Fahrten zu verschiedenen Hamburger Altersheimen, um den Männern ihre Umquartierung schmackhaft zu machen. Ohne Erfolg: Die meisten Männer weigerten sich standhaft, ins Altersheim umzuziehen[19]. Im Kontext permanenter

---

[18] StAHH, 351-10 II/3, Bl. 488, Gäth: Besprechung mit Heimleiter Toelge vom 10.2.1958.
[19] Vgl. Die Welt vom 16.11.1957: „Pik As". Nur drei von 33 Männern, die an den Busfahrten teilgenommen hatten, entschieden sich für eine Unterkunft im Altersheim.

Umquartierungsaktionen, die von den Behörden in den 1950er Jahren angeordnet wurden, sowie eines bereits in der Weimarer Republik etablierten mehrstufigen Belohnungs- und Bestrafungssystems bei der Einquartierung in besser oder schlechter ausgestattete Unterkünfte[20], ist der Verbleib der Männer im „Pik As" erklärungsbedürftig.

Heimleiter Toelge reagierte auf die ablehnende Haltung der Männer mit Gesprächsbereitschaft. So bestellte er eine Abordnung der betroffenen Bewohner zu einer Unterredung mit der zuständigen Fürsorgerin. Die Aussagen der Männer wurden von der Schreibkraft protokolliert, die der Fürsorgerin unterstand, weshalb Auslassungen und Entkontextualisierungen nicht auszuschließen sind. Die Beschwerden der Obdachlosen sind eine der seltenen Quellen für ihre Selbstwahrnehmung, deren Aussagekraft im Folgenden getestet werden soll. In Anwesenheit Toelges und zweier Mitarbeiter brachten die Männer ihre Einwände vor. Der Sprecher der Gruppe, der 66jährige Gerhard Johannsen[21], fasste seine Bedenken so zusammen:

„Das ist doch kein Leben dort. [...] Was ist denn dann mit der eigenen Freiheit? Da ist man doch kein Mann mehr, nur eine Maschine. [...] Ich bleibe lieber hier, da kann ich jeden Tag raus und hin wo ich will. Sie können uns gar nichts vorschreiben. Jeder darf leben wo er will."[22]

Fast alle Einwände gegen die Unterbringung im Heim zielten auf die fehlende Freiheit ab. Darunter verstanden die Männer vor allem ein selbstbestimmtes Leben, das möglichst wenig institutionell vorgegebenen Regeln unterlag. Zudem befürchtete Johannsen im Altersheim gewissermaßen einer Ausgangssperre ausgesetzt zu sein. Johannsens Hinweis auf seine bedrohte Männlichkeit stellte zudem eine Nähe zu pflegebedürftigen Personen her, die sich selbst nicht versorgen können und daher auf externe Hilfe angewiesen sind. Dem setzte Johannsen sein Selbstverständnis als selbstbestimmter Mann entgegen, für das er zu kämpfen bereit war. Es handelte sich offenbar um Widerstand, den er nicht für aussichtslos hielt, wie sein Verweis auf die Freiheit zeigt, selbst entscheiden zu dürfen, wo man lebe.

---

[20] Vgl. Ralf Könen, Wohnungsnot und Obdachlosigkeit im Sozialstaat, Frankfurt a.M./New York 1990, S. 104f.
[21] Aus Datenschutzgründen wird ein Pseudonym verwendet.
[22] StAHH, 351-10 II, Obdachlosenunterbringung: Berichte der Fürsorgerin vom 21.6.1961.

Johannsen griff damit Elemente einer hegemonialen Männlichkeitsvorstellung auf, zu der es auch in den 1950er und 1960er Jahren gehörte, dass Männer – im Gegensatz zu Frauen – als alleingültige Entscheider auftraten[23]. Der ihm gesellschaftlich und institutionell zugewiesenen marginalisierten Männlichkeit setzte Johannsen durch seine Selbstbestimmungsargumentation Elemente einer hegemonialen Männlichkeit entgegen. Damit festigte er zwar bereits bestehende Machtbeziehungen, wie sie im Ideal eines selbstbestimmten Lebens als Mann zum Ausdruck kamen. Darüber hinaus stellte er aber die Machtverhältnisse in der Institution in Frage, indem er sich dem Wunsch der Heimleitung und der Fürsorgerin widersetzte. Da er sich dabei der Unterstützung der anderen Männer gewiss sein konnte, verlieh ihm das zusätzliche Autorität innerhalb seiner *peer group*, für deren Interessen er sich einsetzte. Nach außen trat er als politisch aktiver, selbstbestimmter Bürger auf – ein Verhalten, das in den 1950er Jahren noch keineswegs als Ideal galt. Indem Johannsen aber die eigene Freiheit betonte, rekurrierte er auf einen bürgerlichen Topos[24]. Dies weist auf die Übernahme tradierter bürgerlicher Wertvorstellungen hin. Da bürgerliche Wertvorstellungen in der Bundesrepublik weiterwirkten und Leitfunktionen einnahmen[25], könnte man mit Connell formulieren, dass Gegenpositionen marginalisierter Männer hier mit dem Verweis auf ihre Zugehörigkeit zu hegemonialen Männlichkeitsbildern gestärkt wurden.

In der Tat gab man dem Anliegen der Männer statt; keiner von ihnen wurde zwangsweise ins Altersheim verlegt[26]. Nicht die Argumentation der Betroffenen war dafür ausschlaggebend, sondern vielmehr Toelges Alleingang, der sowohl bei der Fürsorgerin als auch bei seinen Vorgesetzten auf Ablehnung stieß. Toelge wurde ob seines eigenverantwortlichen Vorgehens gemaßregelt und auf die entstehenden Kos-

---

[23] Vgl. Merith Niehuss, Familie und Geschlechterbeziehungen von der Zwischenkriegszeit bis in die Nachkriegszeit, in: Anselm Doering-Manteuffel (Hrsg.), Strukturmerkmale der deutschen Geschichte des 20. Jahrhunderts, München 2006, S. 147–166, hier S. 148.
[24] Jürgen Kocka, Bürgertum und Bürgerlichkeit als Probleme der deutschen Geschichte vom späten 18. zum frühen 20. Jahrhundert, in: ders. (Hrsg.), Bürger und Bürgerlichkeit im 19. Jahrhundert, Göttingen 1987, S. 21–63, hier S. 29.
[25] Vgl. Gunilla Budde/Eckart Conze/Cornelia Rauh (Hrsg.), Bürgertum nach dem bürgerlichen Zeitalter. Leitbilder und Praxis seit 1945, Göttingen 2010.
[26] Die Welt vom 16.11.1957: „Pik As".

ten einer Altersheimunterbringung verwiesen[27]. Insofern wirkte Toelges subordinierte Stellung in diesem Fall zugunsten der betroffenen Männer. Behördeninteressen an einer Kostenreduzierung entschieden hier also über den Verbleib der Männer an ihrem Wunschort, nicht ihr Protest.

Da sich hegemoniale Männlichkeit in Zeiten des Wirtschaftsaufschwungs zum großen Teil über eine erfolgreiche Teilnahme am Arbeitsleben definierte und der Zugang zum Arbeitsmarkt zudem als wenig problematisch wahrgenommen wurde, reagierten Behörden und Öffentlichkeit verständnislos auf Männer, die keiner Erwerbstätigkeit nachgingen. Bestehende Vorurteile wurden aus Sicht der Behörden und der Öffentlichkeit dadurch verstärkt, dass einige der Bewohner des „Pik As" generell eine ablehnende Haltung gegenüber Arbeit einzunehmen schienen. In den Berichten wurde ein Satz immer wieder angeführt, der mehrfach geäußert worden sein soll, wenn sich Obdachlose gegen die Vermittlung in ein Arbeitsverhältnis wehrten: „Arbeit macht krank und engt ein."[28] Mit einer ähnlichen Aussage wurde „Bettlerkönig Schenk", der regelmäßig im „Pik As" übernachtete, in der für ihre reißerischen Zitate bekannten „Deutschen Illustrierten" zitiert: „Arbeit macht krank, eine Flasche Bier ersetzt sechs Scheiben Brot."[29] Solche Äußerungen entsprachen den in der Gesellschaft herrschenden Vorurteilen gegenüber alleinstehenden obdachlosen Männern. Allerdings rekurrierten obdachlose Männer erneut auf das Selbstbestimmungsnarrativ. Für die Argumentation der Obdachlosen und ihre Männlichkeitskonstruktionen ist relevant, dass sie mit ihrer Kritik am gängigen Arbeitsethos keineswegs ihre Männlichkeit verloren.

Arbeit war für Männer eine öffentlich vorgetragene Norm, die sie im Alltag zu erfüllen suchten, die aber nicht in jedem Fall mit der Selbstwahrnehmung der Männer kongruent war. Insofern stellte das männlichkeitskonstruierende Narrativ der Obdachlosen („Arbeit macht krank") keine neue, zur Gesamtgesellschaft konträr verlaufende Gegenargumentation dar. Schließlich bedeutete Arbeit zu haben und auszuüben, dem hegemonialen Männlichkeitsbild zu entsprechen.

---

[27] StAHH, 351-10 II, Rickers an Toelge vom 4.8.1957.
[28] StAHH, 351-10 II, Obdachlosenunterbringung: Berichte der Fürsorgerin vom 18.2.1958.
[29] Deutsche Illustrierte vom 19.4.1958: „Die Arbeit macht uns krank..."

Arbeitslos zu sein und Arbeit sogar abzulehnen, war darin nicht vorgesehen. Ihr prekärer sozialer Status und ihre damit zusammenhängende marginalisierte Männlichkeit erlaubten es jedoch, diese mit nonkonformen Positionen in eine komplizenhafte Männlichkeit zu verwandeln: Zum einen entzogen sich die Obdachlosen der Etikettierung als marginalisierte Männer, indem sie eine Zentralkategorie von Männlichkeit umwerteten. Zum anderen entstand eine komplizenhafte Männlichkeit, weil sie das öffentliche Vorurteil mit ihrer Aussage bestätigten und damit hegemoniale Männlichkeit stärkten. Die vorherrschenden Normen, die umso strikter ausgelegt wurden, wenn es sich um marginalisierte Männer handelte, hatten jedoch zur Folge, dass ein solches Statement mit weiteren Ausgrenzungen und Restriktionen beantwortet wurde. Einweisungen in ein Arbeitshaus waren in den späten 1950er Jahren durchaus noch möglich, allerdings wurden sie zunehmend seltener umgesetzt[30]. Im „Pik As" führte Arbeitsverweigerung hingegen nicht zu einem Ausschluss von der Übernachtung.

4. Zusammenfassung und Ergebnisse

In den späten 1950er Jahren konkretisierte sich hegemoniale Männlichkeit in der Figur des vollberufstätigen Familienvaters. Die Wirkmächtigkeit dieses hegemonialen Männlichkeitsmodells zeigt sich auch in den Haltungen der Obdachlosen. Zwar entsprachen sie keineswegs allen genannten Attributen. Sobald jedoch wenigstens eines vorlag, verlieh das der jeweiligen Gruppe eine Überlegenheit gegenüber den anderen Obdachlosen. Das war im vorliegenden Beispiel insbesondere dann der Fall, wenn es um Ausgrenzungsmechanismen ging, die in männlichen Subkulturen praktiziert wurden. Dies haben Subordinationsverhältnisse gezeigt, die zwischen Hafenarbeitern und mittel- sowie arbeitslosen Obdachlosen bestanden. Insofern beteiligten sich auch alleinstehende obdachlose Männer an einer hegemonialen Männlichkeit der westdeutschen Gesellschaft; ihr Randgruppenstatus schloss sie nicht von vornherein aus gesamtgesellschaftlichen Prozessen aus. So ist das Vorliegen von Subordinationsverhältnissen in den Binnenhierarchien des „Pik As" auch ein Indiz dafür, dass sich eigene soziale Beziehungen zwischen den von der Gesamtgesellschaft

---

[30] Vgl. Wolfgang Ayaß, Die „korrektionelle Nachhaft". Zur Geschichte der strafrechtlichen Arbeitshausunterbringung in Deutschland, in: Zeitschrift für Neuere Rechtsgeschichte 15 (1993), S. 184–201, hier S. 200.

verallgemeinernd als marginalisierte Männlichkeiten wahrgenommenen Bewohnern des „Pik As" entwickelten.

Hegemoniale Männlichkeiten wurden also von den Betroffenen in der Subhierarchie der Einrichtung selbst gestaltet und waren von der öffentlichen Wahrnehmung weitestgehend abgekoppelt. Dies ist ein Argument dafür, die Obdachlosen als Akteure einzubeziehen und nicht allein die sozialen Images, wie sie von Fürsorgeinstitutionen, den zuständigen Behörden und den Medien gezeichnet wurden, in den Blick zu nehmen. Insgesamt festigten die Gegenpositionen der Obdachlosen zwar mediale und expertengestützte Klischees, Stereotype und Erwartungshaltungen, indem sie sie bestätigten. Diese Deutung allein greift aber zu kurz. Denn die Gegenpositionen der Obdachlosen, die dezidiert gegen die zeitgenössischen Ideale verstießen, waren auch Selbsthilfepraktiken, die Identitätskonstruktionen beinhalteten, die sich auf Männlichkeitsvorstellungen stützten. Angesichts dieser nonkonformen Positionen, die Männlichkeitsmuster zwar ebenfalls stärkten, zugleich aber eine größere Bandbreite männlicher Verhaltensweisen und Reaktionsmuster erkennen lassen, stellt sich die Frage, ob Remaskulinisierung überhaupt ein treffendes Beschreibungsmoment von Männlichkeit in den 1950er Jahren darstellt.

Im hier geschilderten Fallbeispiel ging es nicht um die Überwindung soldatischer Männlichkeitsmuster – ausgelöst durch einen Tiefpunkt, der als „Krise der Männlichkeit" bezeichnet wird –, an deren Stelle nun der Familienvater und Ernährer gesetzt wurde, der sich in die beginnende Konsumgesellschaft einfügte. Dieses soziale Ideal, das der Mehrheitsgesellschaft das gute Gefühl gab, richtig zu sein, adaptierten die Obdachlosen nicht linear. Vielmehr überdauerten männliche Abhängigkeits- und Subordinationsbeziehungen beziehungsweise Formen der Sozialorganisation bei den Männern im „Pik As", die an einen spezifischen Alltag gekoppelt waren und der gesellschaftlichen Wahrnehmung in Teilen zuwiderliefen. Selbstbestimmung und eine partielle Ablehnung konventioneller Arbeitsverhältnisse waren für die Männer im „Pik As" zentraler. Insofern scheint es für die Erforschung von Männern mit einer zugewiesenen Makelhaftigkeit produktiver, offener nach Selbst- und Fremdwahrnehmungen im Verhältnis zu ihren konkreten Lebensumständen zu fragen. Hegemoniale Männlichkeitsideale, wie sie in den 1950er Jahren vorherrschten, können zwar einen Referenzpunkt bilden, um den Umgang mit gesellschaftlichen Randgruppen zu erklären, für eine mehrdimensionale Geschichte der

Obdachlosigkeit lohnt es sich jedoch, die Betroffenen selbst in die Analyse einzubeziehen.

Sowohl in den Binnenhierarchien als auch in Konfliktsituationen ließ sich beobachten, dass Autoritarismen von Randgruppen in Frage gestellt wurden. Inwiefern hegemoniale Männlichkeit nicht nur gestärkt, sondern auch fragilisiert wurde, ist anhand dieses Fallbeispiels nicht zu entscheiden. Dieser erste Hinweis regt aber dazu an, die Interaktion zwischen Betroffenen und den Institutionen, die für Obdachlose verantwortlich waren, auf breiter Quellenbasis zu analysieren. Zudem kann das hier vorgestellte Beispiel dazu anregen, darüber nachzudenken, das Konzept der hegemonialen Männlichkeit um folgenden Gedanken zu erweitern, der sich aus der heterosozialen Kommunikationssituation ableitet: Vor allem weibliche Fürsorgerinnen, deren Kompetenzen Ende der 1950er Jahre stetig ausgeweitet wurden[31], waren für obdachlose Männer zuständig, die das Hauptklientel im „Pik As" darstellten. Im Gegensatz zur restlichen Gesellschaft – in die es auch die Arbeitssituation von Frauen einzubeziehen gilt – waren Männer hier untergeordnet. Insofern lagen Subordinationsverhältnisse also nicht allein in rein männlichen Konstellationen vor. Das würde für einen Rückbezug auf Frauen sprechen, um Männlichkeiten zu analysieren – nicht in dem Sinne einer Abgrenzung zu Weiblichkeitsentwürfen, sondern in Relation zu unerfüllten Erwartungshaltungen an Männlichkeit. Die hegemoniale Position der Fürsorgerinnen zeigt, dass es nicht immer nur Männer brauchte, um die Männlichkeit der Obdachlosen zu unterstreichen. Die Obdachlosen konnten in der Hierarchie auch unter Frauen stehen, was sich doppelt prekär auswirkte, weil sie gegenüber Männern und Frauen zurückgesetzt waren. Insofern ließe sich das Connellsche Modell der verschiedenen Männlichkeiten weiter ausdifferenzieren, indem Frauen als Ko-Produzentinnen untergeordneter Männlichkeiten einbezogen werden. Um diese These über das Hamburger Fallbeispiel hinaus zu überprüfen, sind weitere kommunale Tiefenbohrungen und intersektionale Analysen notwendig.

---

[31] StAHH, 351-10 II/1, Landesfürsorgeamt: Niederschrift über eine Besprechung mit Oberfürsorgerinnen und Lagerfürsorgerinnen vom 23.1.1957.

Nadine Recktenwald

Der „Makel" als Protest

Geschlechtsidentitäten unter westdeutschen Gammlern

1. Die Gammler: Junge Männer mit „Makel"

„Langhaarig, trinkfest, schmuddelig, gleichgültig, lungern sie an den Ecken der Nation: am Ohr oder um den Hals blechernes Geschmeide, um die Hüften zerfranste Jeans, an jedem Fuß eine andersfarbige Socke, eher aber noch ohne Strümpfe und Schuhe. [...] Sie nächtigen in Parks, Streusandkisten, Autowracks und halbfertigen Neubauten. Sie sorgen sich nicht um ihr Leben und erstreben keinen persönlichen Besitz."[1]

Mit diesen implizit abwertenden Kennzeichnungen beschrieb der „Spiegel" im September 1966 eine Gruppe Jugendlicher und präsentierte ein entsprechendes Bild auf dem Titel (vgl. S. 76). In der Öffentlichkeit waren die Dargestellten seit Mitte der 1960er Jahre als Gammler bekannt. Die anfängliche Fremdzuschreibung hatten die Jugendlichen als Eigenbezeichnung positiv umgedeutet[2]. Die Subkultur umfasste Schätzungen zufolge 800 bis 1000 Jugendliche in Westdeutschland und etwa 5000 in Westeuropa[3]. Obwohl sie damit quantitativ kaum ins Gewicht fielen, erregten die Gammler ein enormes öffentliches Interesse, das nicht zuletzt in der Kampfansage von Bundeskanzler Ludwig Erhard (CDU) mündete: „So lange ich regiere, werde ich alles tun, um dieses Unwesen zu zerstören"[4].

Die breite Präsenz der Gammler in den öffentlichen Debatten war – so die Ausgangsthese dieses Beitrags – darauf zurückzuführen, dass sie die bestehende Geschlechterordnung unterliefen. Selbst bei eingehender Betrachtung des Titelbilds ist eine klare Differenzierung der Geschlechter nicht auszumachen. Die Jugendlichen adaptierten Verhaltensformen, die gesellschaftlich als „Makel" stigmatisiert

---

[1] Der Spiegel vom 19.9.1966: „Gammler: Schalom aleichem".
[2] Vgl. Tina Gotthardt, Abkehr von der Wohlstandsgesellschaft. Gammler in den 60er Jahren der BRD, Saarbrücken 2007, S. 19.
[3] Vgl. Der Spiegel vom 19.9.1966: „Gammler: Schalom aleichem". Der Soziologe Walter Hollstein ging ein Jahr später von 6000 Gammlern in Westdeutschland und 100.000 in Europa aus; vgl. Walter Hollstein, Gammler und Provos, in: Frankfurter Hefte 22 (1967), S. 409–418, hier S. 410.
[4] Frankfurter Allgemeine Zeitung vom 27.6.1966: „Erhard: Kampf den Gammlern".

Der Spiegel vom 19.9.1966: Titelbild „Gammler in Deutschland"

wurden und nutzten sie, um ihren Nonkonformismus auszudrücken. Der Aufsatz wird die Frage diskutieren, inwiefern die Gammler die hegemoniale Männlichkeit der 1960er Jahre herausforderten und welche Geschlechterkonstruktionen sie dieser entgegenstellten. In Anlehnung an Raewyn Connell[5] gehe ich davon aus, dass die Gammler keine einheitliche Männlichkeit konstituierten, sondern dass verschiedene Entwürfe vorlagen, die sich überlagerten.

In der Geschichtswissenschaft wurden die Gammler bisher in den Jugendbewegungen der 1960er Jahre verortet[6]. Konsens herrscht dahin gehend, dass nicht erst die 68er-Bewegung die gesellschaftlichen Norm- und Moralvorstellungen herausforderte, sondern bereits am Ende der 1950er Jahre die sogenannten Peripheren[7] durch ihre nonkonformistischen Verhaltensweisen die Konsum- und Wohlstandsgesellschaft sowie deren „grundlegende Werte" infrage stellten[8]. Auf der Suche nach Individualisierung gaben die Gammler ihrerseits eine kritische Antwort auf den Massenkonsum. Darüber hinaus wird ihnen in der Forschung der Protest gegen geltende Männlichkeitsideale zugeschrieben, jedoch ohne dies eingehender zu analysieren[9]. Der vorliegende Beitrag thematisiert daher dezidiert die Männlichkeitskonzepte der Gammler. An ihrem Beispiel wird exemplarisch dargestellt, inwieweit Männer mit „Makel" die Geschlechteridentitäten der 1960er Jahre zwar provozierten, zugleich aber auch reproduzierten.

2. Das „neutrale Geschlecht": Protest und Männlichkeit

Die Jugendlichen äußerten ihren Protest nicht lautstark, sondern zeigten ihn performativ im demonstrativen Nichtstun. Unabdingbare Voraussetzung dafür war die direkte Wahrnehmung durch die Bevölkerung und die Medien. Beide Bedingungen waren in Großstädten er-

---

[5] Vgl. Raewyn Connell, Der gemachte Mann. Konstruktion und Krise von Männlichkeiten, Wiesbaden 4., durchgesehene und erweiterte Aufl. 2015.
[6] Vgl. Detlef Siegfried, Time is on my side. Konsum und Politik in der westdeutschen Jugendkultur der 60er Jahre, Göttingen 2006, S. 399–428.
[7] Vgl. ebenda, S. 355–365.
[8] M. F., Keine Toleranz für Gammler?, in: Deutsche Jugend. Zeitschrift für Jugendfragen und Jugendarbeit 16 (1968), S. 93f., hier S. 93.
[9] Vgl. Klaus Weinhauer, Drogenkonsum und Jugendgewalt in bundesdeutschen Großstädten der 1960/70er-Jahre: Auf dem Weg zu einer neuen Unübersichtlichkeit, in: Hans Merkens/Jürgen Zinnecker (Hrsg.), Jahrbuch Jugendforschung. 5. Ausgabe, Wiesbaden 2005, S. 71–90, hier S. 75, S. 77 und S. 83.

füllt, die den Gammlern eine ausreichende Öffentlichkeit boten und daher ihr bevorzugter Aktionsraum waren. Die urbanen Zentren garantieren zudem individuelle Anonymität. Einer Umfrage des Instituts für Demoskopie Allensbach zufolge hatten 1967 lediglich elf Prozent der westdeutschen Bevölkerung noch nie von der Subkultur gehört – wobei diese mehrheitlich in ländlichen Gebieten wohnten.

Im Zentrum der öffentlichen Wahrnehmung standen das demonstrative Nichtstun und die Konsumverweigerung. Der Großteil der Befragten gab an, sie würden sich an den Gammlern stören, weil diese „nichts tun und wenig kaufen". Mehr als die Hälfte hielt Gammler für faule und nicht arbeitende „Tagediebe", ein Viertel betrachtete sie als ungepflegte und verwahrloste Erscheinungen[10]. Die Anstößigkeit ihres Verhaltens verstärkte sich durch die soziale Herkunft der Jugendlichen. Tatsächlich saßen hier keine gescheiterten Existenzen auf der Straße, sondern Menschen aus der Mitte der Gesellschaft. Zwei Drittel der Gammler waren Schüler oder Studenten, von denen 82 Prozent der Mittelschicht entstammten[11].

Das demonstrative Nichtstun der Gammler übersetzte sich in eine aktive Verweigerungspraxis. Die Gammler lehnten es ab zu arbeiten, um Geld anzuhäufen und Eigentum zu vermehren, und sahen in Konsumgütern keine Statussymbole. Vielen war Erwerbstätigkeit zwar nicht völlig fremd, jedoch bestand diese meist nur aus Gelegenheits- und Hilfsarbeiten, um den dringendsten Bedarf zu decken.

Ihre Arbeitsverweigerung konvergierte mit einem gleichzeitigen Konsumverzicht. Das, was sie zum Leben brauchten, erbettelten sie, bekamen sie als Reste in Supermärkten oder von Spendern. Nicht wenige Zeitgenossinnen und Zeitgenossen verurteilten dieses Verhalten als Lähmung der aufstrebenden Konsumgesellschaft. Sozialwissenschaftler machten in zeitgenössischen Publikationen an der „Abstinenz vom Konsum" den „revolutionären Instinkt" der Gammler fest. Wer sich seiner „Konsumentenpflicht" entziehe, rüttele an den Grundfesten, urteilte beispielsweise der Münchner Pädagoge Walter Troeger. Das äußere Erscheinungsbild der Gammler habe zwar den Unmut der

---

[10] Allensbacher Berichte 16/Juli 1968; vgl. Siegfried, Time, S. 403.
[11] Der typische Gammler war zwischen 16 und 21 Jahren alt; lediglich fünf Prozent hatten das 25. Lebensjahr bereits überschritten; vgl. Walter Hollstein, Der Untergrund. Zur Soziologie jugendlicher Protestbewegungen, Neuwied 1969, S. 42.

Gesellschaft auf sich gezogen, zum „Politikum" seien sie aber erst durch ihre offene Leistungs- und Konsumverweigerung geworden[12].

Der demonstrativen Verweigerung lag eine spezifische Lebenshaltung zugrunde. Die Gammler lehnten feste Arbeitsverhältnisse ab, um sich Spontaneität und Flexibilität zu bewahren. Sie trugen ihren gesamten Besitz bei sich und machten sich von wirtschaftlichen wie materiellen Zwängen unabhängig. Bei vielen verband sich dies mit einer ausgeprägten Reiselust: Er wolle „die Welt kennenlernen, bevor sie auseinanderfällt", erklärte ein Gammler seine Motive im Dokumentarfilm „Herbst der Gammler" von Peter Fleischmann, den das Erste Programm im November 1967 ausstrahlte[13]. Die apokalyptische Grundstimmung, die aus der Aussage spricht, verdeutlicht, wie wenig zukunftsorientiert die Gammler lebten. Ihre Daseinsform beschrieb der Soziologe Walter Hollstein als „punktuell und nicht linear"[14]. Mit ihrer Verweigerungspraxis brachen die Jugendlichen aus dem Normlebenslauf von Schule, Ausbildung und Beruf aus oder kehrten diesem zumindest zeitweilig den Rücken. Dadurch befreiten sie sich von etablierten Hierarchie- und Machtkonstellationen, in denen sie als Schüler, Auszubildende oder Angestellte männlichen Lehrern oder Vorgesetzten unterstellt waren.

Zehn Jahre nach Wiedereinführung der Wehrpflicht war darüber hinaus für viele junge Männer die drohende Einberufung zur Bundeswehr ein Grund, temporär aus dem geregelten Leben auszusteigen. Mit der Wehrdienstverweigerung entgingen die Gammler den staatlichen Disziplinierungs- und Erziehungspraktiken und somit der Formierung einer spezifischen gesellschaftskonformen Männlichkeit.

Den Gammlern haftete dementsprechend der „Makel" der Erwerbslosigkeit sowie der mangelnden Leistungsbereitschaft an. Sie entzogen sich dem Arbeitsmarkt, was in Zeiten der Arbeitskräfteknappheit als Absage an die Gesellschaft gewertet wurde. Passanten kritisierten im Film „Herbst der Gammler", dass Deutschland einerseits ausländische Gastarbeiter anwerbe, während „kräftige junge Männer" die Arbeit verweigerten[15].

---

[12] Süddeutsche Zeitung vom 4.11.1966: „Gammler".
[13] Peter Fleischmann, Herbst der Gammler, Bayerischer Rundfunk 1966/67, 67 Minuten, hier 6:06–6:36. Die Dokumentation war eine Produktion von Radio Bremen und dem Bayerischen Rundfunk; vgl. Die Zeit vom 15.12.1967: „Menschen die wo weggehören".
[14] Vgl. Hollstein, Untergrund, S. 42.
[15] Fleischmann, Herbst, 24:56–25:24.

In diesem Kommentar wird besonders deutlich, dass Erwerbsarbeit und Leistungsbereitschaft für das eigene Land das hegemoniale Männlichkeitsideal prägten. Damit korrespondierte das Leitbild des vollbeschäftigten Familienvaters, das die Gammler mit ihren bestenfalls kurzfristigen Arbeitsverhältnissen nicht erfüllten. Ihre Lebensweise war nach den gesellschaftlichen Vorstellungen nicht mit einer Familiengründung vereinbar. Dem widerstrebte auch die sexuelle Freizügigkeit, der die Gammler nach eigenen Angaben frönten. Wechselnde Geschlechtspartner waren eher die Regel als die Ausnahme – langfristige Partnerschaften entstanden in der Gruppe nur selten. Das Leben im Freien und damit ohne Privatsphäre brachte zugleich die offene Zurschaustellung von Sexualität mit sich. Ihr promiskes Verhalten stand der monogamen Sexualität und damit dem gesellschaftlichen Ordnungskonzept der Ehe entgegen.

Die Öffentlichkeit assoziierte die Gammler mit „Unordnung und Unlust", was sich durch ihr äußeres Erscheinungsbild verstärkte[16]. Ihr langes Haar war keine Modeerscheinung, sondern verknüpfte sich unverhüllt mit ihrem Lebenskonzept und ihrem Protest gegen das bestehende Gesellschaftssystem: „Wir lassen uns keine Ordnung vorschreiben von denen, die von der Ordnung profitieren. Wir lassen uns nicht stutzen. Daher symbolisch die langen Haare."[17] Entsprechend ihrem Drang zum Anderssein, legten die Gammler Wert auf eine lange Haarpracht, während die Gammlerinnen ihr Haar kurz trugen. Darin kann die Umkehrung beziehungsweise Aushebelung der Geschlechterdifferenz gesehen werden. Der Eindruck verdichtete sich durch den Kleidungsstil. Männer wie Frauen trugen lange Hosen, weite Pullover und Parkas; ihre Garderobe entwickelte sich zu einer verdeckten Uniform. Die Presse spekulierte, wie lange es wohl noch dauere, bis das erste Gammler-Spezialgeschäft eröffne mit dem praktischen Twinset „Gammler I"; auch hier ging der Artikel von einer Unisex-Ausstattung aus[18].

Den „Jüngling" unterschieden „nur ein paar stoppelige Barthaare von seiner Gammlerbraut", so der „Münchner Merkur", der bei Ablichtungen von Gammlern in seinen Bildunterschriften anführte, ob es

---

[16] Frankfurter Allgemeine Zeitung vom 30.11.1966: „Gammler".
[17] Hans Böttcher, Sind Gammler Ganoven? Einige Auffälligkeiten und Anfälligkeiten der heutigen Jugend, Gladbeck/Westfalen 1968, S. 15; vgl. auch Gotthardt, Abkehr, S. 22.
[18] Süddeutsche Zeitung vom 4.11.1966: „Gammler".

sich um einen Mann oder eine Frau handelte[19]. Auch staatliche Publikationen thematisierten die zunehmende Angleichung von Frau und Mann in überspitzter Form: „Schmutzige Uniformität ist modern. ‚Machen wir's den Mädchen nach', so die Jungen. [...] ‚Machen wir's den Jungen nach', ist die Ansicht der Gammlermädchen. [...] Auffallen ist die Devise. Das Ergebnis ist ein neutrales Geschlecht."[20]

Sozialwissenschaftler diagnostizierten eine „Entdifferenzierung der Geschlechter". Verantwortlich sei die „Wohlstandsgesellschaft"; sie erlaube den Jugendlichen, ihren bewussten Müßiggang auszuleben und führe auf den „Weg zum Unisex", also zu einer zunehmenden Geschlechtslosigkeit[21]. Die Jugendzeitschrift „twen" nominierte 1966 gar zum „Jahr des Uni-Sex" und sah im „Uni-Sex-Kult" nicht nur Protest-, sondern sogar Revolutionspotenzial, das die „hergebrachte Machtposition" des Mannes kontinuierlich auflöse[22].

Die Gammler hebelten durch ihre Verhaltensformen und ihr öffentliches Auftreten gesellschaftlich verankerte Geschlechterkonstruktionen aus. Mit der Aufhebung der Dichotomie zwischen Mann und Frau verwarfen sie ein Element der hegemonialen Männlichkeit. Sie lehnten die Teilhabe an Produktionsprozessen ab und entzogen „dem Mann" nachhaltig seine Machtposition. Demnach marginalisierten sie nicht nur ihre eigene Männlichkeit, sondern bedrohten die Vorherrschaft des Mannes an sich. Die Arbeits-, Wehrdienst- und Konsumverweigerung war gleichbedeutend mit einer Ablehnung der gesellschaftlich akzeptierten Männlichkeitsvorstellungen.

Erwerbslosigkeit, Faulheit, Wohnungslosigkeit und die damit gepaarte Bettelei kultivierten die Gammler als bewussten „Makel". Wo Connell in ihrer Beschreibung der „protestierenden Männlichkeit" eine „Übernahme der stereotypen [hegemonialen] männlichen Rolle" analysiert[23], zeigt sich bei den Gammlern dagegen der Protest ihrer Männlichkeit aus einer Überbetonung der marginalisierten Männlichkeit. Aus gesellschaftlich stigmatisierten Verhaltensweisen – ihren „Makeln" – wurde Protest gegen die bestehende Gesellschaftsordnung.

[19] Münchner Merkur vom 22./23.10.1966: „Gammler machen schmutzige Geschäfte"; Münchner Merkur vom 21.9.1966: Bild „Sie schnüren langsam ihre Bündel".
[20] Jugend, Schule, Sport. Mitteilungsblatt des Schul- und Kultusreferats der Landeshauptstadt München 20 (1966) H. 8, S. 117 f., hier S. 117.
[21] Böttcher, Ganoven, S. 33 f.
[22] Jürgen will wie Uschi sein, in: twen 8 (1966) H. 12, S. 54–60 und S. 104, hier S. 55 und S. 59.
[23] Connell, Mann, S. 168–171 und S. 173.

3. Männlichkeit als internes Hierarchisierungsmodell

Die Überbetonung der marginalisierten Männlichkeit stellte auch innerhalb der jugendlichen Subkultur ein strukturierendes Element dar, wie die interne Rangordnung verdeutlicht: „Gibt es für euch Unterschiede zwischen Gammlern und Gammlern?", fragte Fleischmann zu Beginn seines Dokumentarfilms seine Hauptdarsteller. Die jungen Männer antworteten dem Regisseur mit klaren Differenzierungskriterien: In ihrer Hierarchie an unterster Stelle standen die „Stadtgammler", die sie auch als „Freizeit- oder Wochenendgammler" bezeichneten. Diese gesellten sich nach Feierabend sowie an ihren freien Tagen und den Wochenenden zu den übrigen Gammlern. Sie adaptierten lediglich deren äußere Identifikationsmerkmale. Am Abend kehrten sie in ihre Wohnungen oder in das bürgerliche Elternhaus zurück und gingen in der Früh wieder einer geregelten Arbeit nach. Die „Ferien- und Saisongammler" nahmen temporär die Verhaltensweisen des Gammelns an. Während der Urlaubszeit oder in den Sommermonaten lebten sie nach den Verhaltensnormen des typischen Gammlers. An oberster Stelle in ihrer Hierarchie stand der „Dauergammler". „Wenn sie mich fragen, bin ich der einzig echte Gammler in München, das andere hier sind doch alles kleine Schuljungen", beantwortete einer der Interviewten Fleischmanns Frage. Erst wenn man fünf Jahre nicht beim Friseur gewesen sei und sich nicht gewaschen habe, könne man sich als Gammler bezeichnen, so der Jugendliche[24]. Besonders der Verweis auf den „Schuljungen" – eine Vorstufe zum Mann – enthüllt, dass intern nur derjenige als würdig galt, der langfristig die Verweigerungshaltungen verkörperte. Damit erkannten die Gammler nur die bewusst ausgelebte marginalisierte Männlichkeit als solche an. Unabdingbare Voraussetzung für den „echten" Gammler und seine vollwertige Männlichkeit war damit das Kulturvieren ihrer „Makel". Die Überbetonung ihrer marginalisierten Männlichkeit diente den Gammlern als Instrument der Binnenhierarchisierung.

Der Presse blieb diese interne Hierarchisierung nicht verborgen, sie spekulierte ebenfalls über „echte und falsche Gammler". Dabei galt der „echte Gammler" als friedliebender Jugendlicher, der durch seine Lebensform stillen Protest an der Gesellschaft der Eltern zum Ausdruck brachte – unabhängig von der Intensität und Dauer, in der er dies tat. Die Grenze zum „falschen Gammler" sah die Öffentlichkeit

---

[24] Fleischmann, Herbst, 1:03–2:55.

in der Strafanfälligkeit der Jugendlichen. „Obwohl er sich die Haare ebenfalls bis auf die Schultern wachsen ließ, schlug er die Laufbahn der Asozialen statt die der echten Gammler ein", berichtet die „Frankfurter Allgemeine Zeitung"[25]. Ihre Verweigerungspraxis führte die Gammler häufig an die Schwelle zur Illegalität und Kriminalität. Wer bettelte oder nicht in der Lage war, eine Unterkunft nachzuweisen, konnte mit Haft bestraft werden – eine gesetzliche Regelung, die sich seit Jahrzehnten gegen Obdachlose richtete. Die Übergänge vom „Dauergammler" zum sogenannten Stadtstreicher verliefen vielerorts fließend und stellten die staatlichen Exekutivorgane vor Differenzierungsprobleme. Die Polizei schloss sich in ihrer Unterscheidung den internen Hierarchiestrukturen der Subkultur an, wobei die Behörden die „Freizeit-, Wochenend- und Saisongammler" als „echte Gammler" wahrnahmen. Mit ihnen pflegten die Ordnungsbehörden einen gemäßigten Umgang, frei nach dem Leitspruch von Münchens Polizeipräsident Manfred Schreiber: „Dreck allein ist kein Straftatbestand."[26] Die nach den Schwabinger Krawallen von der Münchner Polizei ausgearbeitete Deeskalationsstrategie („Münchner Linie") versprach eine auf Ausgleich bedachte Behandlung und lockte viele Gammler in die bayerische Landeshauptstadt, die sich damit zeitweise zu deren heimlicher Metropole entwickelte[27]. Die „Dauergammler" standen hingegen unter dem ständigen Verdacht in die Kriminalität abzurutschen, wie ein Polizeibericht eindrücklich zeigt: „Echte kriminelle Handlungen begehen häufig die sogenannten Dauergammler, die sich aus Stadtstreichern und sonstigen asozialen Personen zusammensetzen. Sehr oft halten sich diese zur Tarnung unter den echten Gammlern auf."[28]

Das „freundschaftliche Verhältnis" zwischen Exekutive und Gammlern kippte jedoch. Vor dem Hintergrund der Studentenproteste im Mai 1967 und als Antwort auf zunehmende Forderungen aus der Bevölkerung und den städtischen Gremien nach einem härteren Vorgehen, versuchte die Polizei mit verstärkten Kontrollen und Razzien,

---

[25] Frankfurter Allgemeine Zeitung vom 3.12.1966: „Echte und falsche Gammler"; vgl. auch Frankfurter Allgemeine Zeitung vom 7.8.1965: „Die echten und unechten Gammler".
[26] Der Spiegel vom 19.9.1966: „Gammler: Schalom aleichem".
[27] Passauer Neue Presse vom 25.3.1966: „Bayerns Metropole ist das erklärte Revier der Gammler".
[28] StAM, Polizeidirektion München 15630, Direktion der Schutzpolizei an Polizeipräsident vom 9.4.1969: Maßnahmen gegen Gammler.

die Gammler zu verdrängen. Die zuvor geltende Differenzierung von „echten" und „falschen" Gammlern wurde zunehmend obsolet. Die Polizei machte hierfür eine „Umwandlung" bei den Gammlern verantwortlich, denn nicht länger sei es der abenteuerlustige Jugendliche, der die Straßen bevölkere; die Gruppe würde sich zunehmend aus „Asozialen, Kriminellen, entlaufenen Fürsorgezöglingen und mitunter auch aus APO-Anhängern" rekrutierten[29]. Zu diesem Zeitpunkt war die „Gammlerwelle" bereits am Abklingen. Die Presse stand den Jugendlichen zunehmend gleichgültig gegenüber. Die öffentlichen Debatten verstummten, und die Gammlerkultur verlor an Attraktivität. Ihre vermeintlichen „Makel" – wie langes Haar oder Müßiggang – waren nun ihrerseits von der Massenkultur absorbiert worden. Auf der Straße blieben diejenigen, die den Sprung zurück ins geregelte Leben nicht mehr schafften und nun als Stadtstreicher wahrgenommen wurden – nicht als „Dauergammler". Die bewusste Überbetonung ihrer „Makel" und ihrer marginalisierten Männlichkeit ging verloren und somit auch der Protestcharakter ihrer Männlichkeit.

4. Komplizenhafte Männlichkeit: Der „König der Münchner Gammler"[30]

Trotz der äußeren Neutralisation der Geschlechter in der Subkultur, waren die Gammler gegenüber den Gammlerinnen zahlenmäßig deutlich in der Überzahl[31]. Damit ergab sich bereits quantitativ eine Überlegenheit gegenüber Frauen. Aber auch darüber hinaus offenbaren sich im Verhältnis zur Weiblichkeit Hinweise, die auf eine traditionelle Dominanz des männlichen Geschlechts deuten.

Viele Gammlerinnen waren von Zuhause ausgerissene, oft minderjährige Mädchen, die die Polizei in ihrer Fahndungskartei als „Streunerinnen" führte. Der Entschluss, sich der Subkultur anzuschließen, fiel oft spontan – zum Beispiel um einem Konflikt im Elternhaus zu entgehen – und brachte die Frauen unvorbereitet auf die Straße. Sie

---

[29] StAM, Polizeidirektion München 15623, Direktion der Schutzpolizei, Vormerkung vom 1.10.1969; vgl. auch Münchner Merkur vom 6.8.1968: „Gammler werden kriminell".
[30] Abendzeitung vom 27.6.1968: „Der König der Münchner Gammler liegt in der Klinik".
[31] Vgl. Ulrich Bathke, Einige Erfahrungen mit Gammlern und einige Reflexionen über sie, in: Deutsche Jugend. Zeitschrift für Jugendfragen und Jugendarbeit 14 (1966), S. 127–131, hier S. 128.

begaben sich in den Schutz männlicher Gammler und zogen mit ihnen gemeinsam von Stadt zu Stadt. Auf der Suche nach freiheitlicher Selbstbestimmung landeten somit nicht wenige in neuen Abhängigkeiten. Der Gammler Georg berichtete einem Reporter des „Münchner Merkur" vollmundig von seiner „Eintagesbraut". Die vom Vortag sei schon wieder von der Polizei aufgegriffen worden. Nun dürfe halt eine andere zu ihm in den wärmenden Schlafsack kriechen[32]. Georg bediente sich hier der Beschützerfunktion des Mannes gegenüber der Frau, ein Element der bürgerlichen Männlichkeit. Der Status der Frau als „Braut" entsprach dem der temporären Begleiterin, die stets austauschbar blieb und sich nur selten als akzeptiertes Mitglied der Gruppe etablieren konnte[33]. Frauen spielten innerhalb der Subkultur eine periphere Rolle. Dadurch konnten sie in Situationen geraten, die ihre Autonomie gefährdeten. Die Dokumentation „Herbst der Gammler" zeigt eine Szene, in der eine Mutter ihre Tochter scheinbar in letzter Minute vor einer Reise mit anderen Gammlern bewahrt. „Der Wolfgang hat mich einfach mitgenommen", erklärte die Ausgerissene[34]. In einigen Fällen gerieten die jungen Frauen sogar in ein sexuelles Abhängigkeitsverhältnis zu den vermeintlichen Beschützern: Die 13-jährige G. berichtete bei ihrer Festnahme durch die Polizei von ihren Erlebnissen:

„Nachher sind wir schlafen gegangen. Das war um 22 Uhr. Wir sind in ein Auto gegangen, das fuhr nicht mehr. Wir haben zu zweit da geschlafen in einem Schlafsack. Ja, wir hatten Verkehr, mir blieb ja nichts anderes übrig. Ja, im Schlafsack drin. Ich hatte vorher ja schon einen getrunken."[35]

Auch Passanten und Anwohner echauffierten sich bei der Polizei, dass Gammler im Englischen Garten in München mit Alkohol und Drogen versuchen würden, die „erst nach längerer Zeit entsprechend enthemmten Mädchen hinlänglich gefügig" für ihre „Sexorgien" zu machen[36]. Ein Journalist, der sich unter die Gammler in Schwabing mischte, berichtete von „Vermittlungsgebühren" für junge Mädchen

---

[32] Münchner Merkur vom 22./23.10.1966: „Gammler machen schmutzige Geschäfte"; vgl. auch tz vom 15.9.1970: „Bei Gammlern Freiheit gesucht".
[33] Rolf Lindner, Jugendkultur – stilisierte Widerstände, in: Immer diese Jugend! Ein zeitgeschichtliches Mosaik. 1945 bis heute, hrsg. vom Deutschen Jugendinstitut, München 1985, S. 13–24, hier S. 24.
[34] Fleischmann, Herbst, 53:38–55:08.
[35] Der Spiegel vom 19.9.1966: „Sie nannten mich ‚Erbse'".
[36] StAM, Polizeidirektion München 15636, C. R. an den Polizeipräsidenten vom 12.7.1970.

und „Schutzhonoraren", die die Gammler kassierten[37]. Durch die Darstellung der Schutzlosigkeit unschuldiger junger Frauen griff die Presse gesellschaftlich verankerte Ängste auf und dämonisierte die Gammler. Dennoch veranschaulichen die Beschreibungen, dass innerhalb der Subkultur keine Gleichberechtigung von Mann und Frau herrschte und dass trotz der äußeren Assimilation der Geschlechter die hegemoniale Stellung des Mannes aufrechterhalten wurde.

Auch im Verhältnis zu Frauen, die nicht der Gammlerbewegung angehörten, bestätigte sich die dominante Position der Männer. Der Gammler avancierte zum begehrten Idol. „Die Mädchen sind ganz verrückt nach Gammlern", meinte beispielsweise Udo B. aus Frankfurt und erzählte von Gammler-Partys, bei denen „die Mädchen die Gammler fast ausgezogen" hätten. Die mehrheitlich jüngeren Frauen besuchten meist noch die Schule. Sie gesellten sich nur an den Nachmittagen zu den Gammlern und erfüllten sich ihren Wunsch, Teil der Subkultur zu sein, indem sie deren Nähe suchten. Sie bewunderten die jungen Männer, die sich – so zumindest der Anschein – seit Monaten oder Jahren von den gesellschaftlichen Zwängen befreiten. Dieses Verhalten konnte sich bis zum prominentenähnlichen Status steigern. Den selbsternannten „König der Münchner Gammler" besuchten seine weiblichen „Fans" einem Zeitungsbericht zufolge scharenweise im Krankenhaus, beschenkten ihn und zierten sein Gipsbein mit „Lippenstift und Tränen"[38]. Die Gammler nutzten diese Bewunderung nicht selten zu ihrem Vorteil aus. Einige ließen sich gleich von mehreren Frauen mit Essen, Alkohol, Zigaretten und Kleidung versorgen. Auch Peter Fleischmann zeigt eine Szene, in der eine gut gekleidete junge Frau an Gammler im Englischen Garten frische Backwaren verteilt. Als Dank erhält sie von einem der Gammler einen Kuss[39]. Obwohl die Gammler die hegemoniale Männlichkeit mit ihrem Verhalten und ihrem Aussehen herausforderten, profitierten sie gleichzeitig von dieser. Im direkten Verhältnis zur Weiblichkeit kennzeichnete sich die Männlichkeit der Gammler nicht als marginal, sondern als eine komplizenhafte Männlichkeit[40].

---

[37] Münchner Merkur vom 22./23. 10. 1966: „Gammler machen schmutzige Geschäfte".
[38] Abendzeitung vom 27.6.1968: „Der König der Münchner Gammler liegt in der Klinik".
[39] Fleischmann, Herbst, 21:04–21:40.
[40] Zur Komplizenschaft von Männlichkeit vgl. Connell, Mann, S. 133.

5. Relationen von Männlichkeit

Die überwiegend durch männliche Jugendliche dominierte Subkultur der Gammler ist ein Beispiel dafür, wie Männer mit „Makel" in den 1960er Jahren zwar gegen normierte Geschlechtsidentitäten protestierten, diese aber zugleich reproduzierten. In der Öffentlichkeit sowie im Verhältnis zwischen männlichen Gammlern instrumentalisierten sie ihre „Makel" zu einer marginalisierten Männlichkeit. Die provokante Inszenierung der „Makel" war letztlich eine ostentative Betonung ihrer marginalisierten Männlichkeit und somit eine Form des Protests. In der öffentlichen Wahrnehmung manifestierte sich dieser in der Einebnung von Geschlechterdifferenzen und in der Ablehnung von Erwerbsarbeit und Konsum. Gleichzeitig war die Überbetonung intern ein Mittel zur Binnenhierarchisierung zwischen männlichen Gammlern.

Ein anderer Entwurf von Männlichkeit generierte sich allerdings in der Beziehung zur Weiblichkeit. Hier zeigt sich, dass die Gammler trotz ihrer offenen Ablehnung einer hegemonialen Männlichkeit diese gleichzeitig gegenüber Frauen nutzten. Der äußerlichen Angleichung der Geschlechter zum Trotz gab es unter den Gammlern keine Gleichberechtigung von Mann und Frau. Das heteronormative Rollenmuster des Mannes als Beschützer und Versorger dominierte auch die Subkultur. Die Gammler profitierten damit in Form einer komplizenhaften Männlichkeit von der gesellschaftlich verankerten Hegemonialstellung des Mannes. Obwohl die Gammler mit ihrer Männlichkeit die gesellschaftlich vorherrschenden Geschlechteridentitäten offen angriffen, blieben sie selbst im direkten Umgang mit Frauen den traditionellen hegemonialen Geschlechterrollen verhaftet. Vielen jungen Männern fiel es daher auch mit fortschreitendem Alter nicht schwer, wieder in das traditionelle gesellschaftliche Normgefüge zurückzukehren.

Michael Schwartz
Lebenssituationen homosexueller Männer im geteilten Berlin 1949 bis 1969

1. Desiderate

Die von Christoph Kleßmann mit Blick auf beide deutsche Staaten formulierte Forschungsperspektive einer „asymmetrisch verflochtenen Parallelgeschichte"[1] hat sich in den vergangenen zehn Jahren zunehmend durchgesetzt. Verflechtungsgeschichtliche Studien stellen allerdings nach wie vor ein Desiderat der Forschung dar. Der vorliegende Beitrag enthält dazu mit Blick auf die zwischen Verfolgung, Diskriminierung, Selbstbehauptung und Selbstorganisation oszillierenden Lebenssituationen homosexueller Männer im geteilten Berlin Überlegungen, die sich auf die 1950er und 1960er Jahre beziehen.

Für die Geschichte Berlins nach 1945 haben sich in jüngster Zeit vielversprechende vergleichende Forschungsdimensionen ergeben. Jennifer Evans' Forschungen zur Sexualität in der Nachkriegs-Stadtlandschaft haben neue Sichtweisen eröffnet[2]. Auch gibt es erste Ansätze zur Untersuchung homosexueller Lebenswelten bis 1969 im Ost-West-Vergleich[3], die der Vertiefung und Ausdifferenzierung bedürfen – denn Josie McLellans ansonsten bahnbrechende Forschungen zu Liebe und Sexualität im kommunistischen Teil Deutschlands haben nur beiläufig west-östliche Verflechtungen berührt[4].

---

[1] Christoph Kleßmann, Spaltung und Verflechtung. Ein Konzept zur integrierten Nachkriegsgeschichte 1945 bis 1990, in: ders./Peter Lautzas (Hrsg.), Teilung und Integration. Die doppelte deutsche Nachkriegsgeschichte als wissenschaftliches und didaktisches Problem, Schwalbach 2005, S. 20–36.
[2] Vgl. Jennifer Evans, Life among the Ruins. Cityscape and Sexuality in Cold War Berlin, Houndmills/New York 2011.
[3] Vgl. Jens Dobler, Schwules Leben in Berlin zwischen 1945 und 1969 im Ost-West-Vergleich, in: Andreas Pretzel/Volker Weiß (Hrsg.), Ohnmacht und Aufbegehren. Homosexuelle Männer in der frühen Bundesrepublik, Hamburg 2010, S. 152–163; Jens Dobler, Von anderen Ufern. Geschichte der Berliner Lesben und Schwulen in Kreuzberg und Friedrichshain, Berlin 2003, insbesondere S. 226–239.
[4] Vgl. Josie McLellan, Love in the Time of Communism. Intimacy and Sexuality in the GDR, Cambridge u.a. 2011.

Ein verflechtungsgeschichtlicher Ansatz kann auch für die Erschließung der Lebenssituationen homosexueller Männer im geteilten Deutschland zwischen 1949 und 1969 fruchtbar gemacht werden. Homosexuelle waren sowohl in der frühen Bundesrepublik als auch in der frühen DDR vielfältigen Formen gesellschaftlicher Diskriminierung und zudem strafrechtlicher Verfolgung ausgesetzt. Religiöstheologische und medizinische Deutungsperspektiven trugen zu Diskriminierung und Stigmatisierung ebenso bei wie strafrechtliche Sanktionsdrohungen und mehrheitsgesellschaftliche Stereotypen. Auch das gemeinsame Erbe der NS-Homosexuellenverfolgung darf nicht unterschätzt werden.

2. Verfolgung und Skandalisierung in West und Ost

In beiden deutschen Staaten und damit auch in beiden Teilen Berlins wurde den in der NS-Zeit verfolgten Homosexuellen – auch nach der formalen Entkriminalisierung homosexueller Sexualkontakte zwischen Erwachsenen in der DDR 1968 und in der Bundesrepublik 1969 – jede Wiedergutmachung verwehrt. In den Hierarchien öffentlich geehrter oder ausgegrenzter NS-Opfergruppen zählten Homosexuelle über Jahrzehnte nicht zu den anerkannten „Opfern des Faschismus"[5]. In Sachen Verfolgungsmilderung und Entkriminalisierung ging die DDR jedoch im Vergleich zur Bundesrepublik deutlich voran: Das Oberste Gericht der DDR verwarf 1950 den 1935 vom NS-Regime massiv verschärften § 175 des Strafgesetzbuches (StGB) als „nazistisch" und kehrte zum vergleichsweise milden, da ineffizienten Homosexuellen-Strafrecht von 1871 zurück[6]. Auch die Verfolgungspraxis in der DDR schwächte sich seit 1957 deutlich ab, weil in „einfachen" Fällen von Homosexualität unter Erwachsenen die Niederschlagung der Strafverfolgung möglich wurde[7]. Demgegenüber behielt die Bundesrepublik die nationalsozialistische Verschärfung des Homosexuellen-Strafrechts vollinhaltlich bei, wobei höchstrichterliche Urteile in den 1950er Jahren bekräftig-

---

[5] Vgl. Michael Schwartz, Welcher NS-Opfer gedenken wir? An welche NS-Opfer soll ein Homosexuellen-Mahnmal erinnern?, in: Zu spät? Dimensionen des Gedenkens an homosexuelle und transgender Opfer des Nationalsozialismus, hrsg. von QWIEN und WASt, Wien 2015, S. 206–231.
[6] Vgl. Christian Schäfer, Widernatürliche Unzucht (§§ 175, 175a, 175b, 182 a.F. StGB). Reformdiskussion und Gesetzgebung seit 1945, Berlin 2006, S. 119f.
[7] Vgl. Kurt Starke, Schwuler Osten. Homosexuelle Männer in der DDR, Berlin 1994, S. 80 Anm. 11.

ten, diese Bestimmungen seien weder NS-spezifisches Unrecht noch ein Verstoß gegen die Menschenrechte[8].

In beiden deutschen Staaten bot das jeweilige Sexualstrafrecht die Grundlage für eine polizeilich-juristische Verfolgung von Homosexuellen, wenn auch in deutlich unterschiedlicher Intensität und Dauer. Während in der Bundesrepublik zwischen 1950 und 1965 über 52.000 Männer auf der Basis des § 175 StGB rechtskräftig abgeurteilt und davon über 44.000 rechtskräftig verurteilt wurden, sollen in der DDR schätzungsweise nur rund 4300 Männer verurteilt worden sein[9]. Zu untersuchen wäre, ob und inwiefern die Vorzeitigkeit von Lockerung und Entkriminalisierung erwachsener männlicher homosexueller Kontakte in der DDR den Reformdruck in der Bundesrepublik erhöht hat, zumal dergleichen für parallele Reformen beim Abtreibungsstrafrecht nachweisbar ist[10].

In unserem Untersuchungszeitraum kam es – verbunden mit Strafverfolgung – in beiden deutschen Staaten auch zu gezielten Skandalisierungen von homosexuellen Verfehlungen prominenter Politiker oder Spitzenfunktionäre. Das normalerweise Klandestine wurde gewaltsam veröffentlicht und zugleich verächtlich gemacht. So wurde in der DDR der einstige Sozialdemokrat und damalige DDR-Justizminister Max Fechner – zugleich Mitglied des Zentralkomitees der herrschenden Sozialistischen Einheitspartei Deutschlands (SED) – nicht nur wegen zu großer Milde im Umgang mit dem Volksaufstand vom 17. Juni 1953 abgesetzt und angeklagt. Seine Verurteilung vor dem Obersten Gericht der DDR im Mai 1955 bezog sich auch auf homosexuelle Kontakte mit einem dienstlich Untergebenen, die nach dem auch in der DDR weiterhin gültigen NS-Paragrafen 175a StGB abgeurteilt wurden, und mündete in das Verdikt, Fechner sei „nicht nur politisch, sondern auch moralisch verkommen"[11]. In der Bundesrepublik sah sich im Juli 1961 der erste Wehrbeauftragte des deutschen Bundestags, der ehe-

---

[8] Vgl. Hans-Georg Stümke, Homosexuelle in Deutschland. Eine politische Geschichte, München 1989, S. 133.
[9] Vgl. ebenda, S. 147, und Christian Reimesch, Entstehung des westdeutschen Entschädigungsrechts, in: Andreas Pretzel (Hrsg.), NS-Opfer unter Vorbehalt. Homosexuelle Männer in Berlin nach 1945, Münster u. a. 2002, S. 179–192, hier S. 185.
[10] Vgl. Michael Schwartz, „Liberaler als bei uns"? 1972 – Zwei Fristenregelungen und die Folgen. Reformen des Abtreibungsstrafrechts in Deutschland, in: Udo Wengst/Hermann Wentker (Hrsg.), Das doppelte Deutschland. 40 Jahre Systemkonkurrenz, Berlin 2008, S. 183–212.
[11] Falco Werkentin, Politische Strafjustiz in der Ära Ulbricht, Berlin 1995, S. 138.

malige Generalleutnant und niedersächsische Vertriebenen-Staatssekretär Helmuth von Grolman, zum Rücktritt genötigt, nachdem seine Beziehung zu einem siebzehnjährigen Kellner publik gemacht worden war. Grolman wurde im September 1961 wegen „Unzucht" mit einem Minderjährigen nach demselben Paragrafen 175a verurteilt wie Fechner – allerdings nur zu einer Bewährungsstrafe[12]. Gesellschaftlich erledigt aber waren sowohl der ehemalige DDR-Minister als auch der ehemalige Wehrbeauftragte – und diese Abschreckungswirkung durch Skandalisierung prominenter Einzelfälle wirkte einschüchternd auf viele Homosexuelle, insbesondere in den Funktionseliten beider Staaten. Diese Menschen konnten durch einen falschen Schritt vieles oder gar alles verlieren.

3. Lebenssituationen in der Trümmerlandschaft: Das geteilte Berlin in den ersten Nachkriegsjahren

Angesichts der in West- wie in Ostdeutschland nach 1945 fortwirkenden Homophobie stellt sich die Frage, wie homophile, homosexuelle oder schwule Männer – die Bezeichnungen und Selbstbezeichnungen waren unterschiedlich und konkurrierten miteinander[13] – konkret lebten, welchen Platz sie sich in den jeweiligen Gesellschaftsordnungen erkämpfen konnten und ob und wie sie sich untereinander vernetzten und womöglich sogar gesellschaftspolitisch organisierten. Zudem wäre zu fragen, ob sich spezifische west- und ostdeutsche Identitätsmuster, Selbstbehauptungsstrategien und Inszenierungsformen herausbildeten.

Exemplarisch lässt sich diese Leitfrage für das geteilte Berlin untersuchen. Berlin gehörte seit Beginn des 20. Jahrhunderts international zu den berühmten oder berüchtigten „schwulen Metropolen" mit

---

[12] Vgl. Frank Bösch, Öffentliche Geheimnisse. Die verzögerte Renaissance des Medienskandals zwischen Staatsgründung und Ära Brandt, in: Bernd Weisbrod (Hrsg.), Die Politik der Öffentlichkeit – Die Öffentlichkeit der Politik. Politische Medialisierung in der Geschichte der Bundesrepublik, Göttingen 2003, S. 125–150, hier S. 142.
[13] Vgl. Michael Schwartz, Entkriminalisierung und Öffentlichkeit. Mediale Reaktionen zur Reform des Homosexuellen-Strafrechts in der Bundesrepublik Deutschland 1969–1980, in: Norman Domeier u.a., Gewinner und Verlierer. Beiträge zur Geschichte der Homosexualität in Deutschland im 20. Jahrhundert, Göttingen 2015, S. 79–93; vgl. dazu auch den Beitrag von Benno Gammerl in diesem Band.

ausgeprägten Szene-Strukturen[14], wozu eine homosexuelle Subkultur (Bars, Clubs, öffentliche Treffpunkte) ebenso gehörte wie eine homosexuelle Organisationskultur (Vereine, Printmedien). Diese etablierten und jahrzehntelang auch polizeilich tolerierten urbanen Subkulturen[15] waren zwar durch das NS-Regime nach 1933 systematisch liquidiert worden, doch entstanden nach 1945 in der unter Viermächte-Verwaltung stehenden „Frontstadt" erneut Entfaltungsräume – auch wenn Berlin seinen ehemaligen Rang als führende europäische Metropole der Homosexuellen im Wettstreit mit Amsterdam nicht wiederzuerlangen vermochte[16] und sogar in Deutschlands Konkurrenz durch eine neu aufblühende Szene in Hamburg bekam.

Gleichwohl etablierten sich in den späten 1940er und frühen 1950er Jahren in Groß-Berlin vielfältige subkulturelle und organisatorische Gruppenstrukturen, die sich in West-Berlin zum Teil ausdauernder zu behaupten vermochten als in jenen Großstädten Westdeutschlands, die anfangs über vergleichbare Szenen verfügten. In den neueröffneten Clubs und Bars verkehrten auch Besatzungssoldaten der alliierten Schutzmächte[17], in deren Herkunftsländern Homosexualität längst entkriminalisiert war wie in Frankreich. Diese spezifische Internationalisierung der Berliner Homosexuellenszene bedeutete einen gewissen Schutz gegen polizeiliche Eingriffe. 1951 warb der in West-Berlin erscheinende „Amicus-Briefbund" öffentlich für einen „Treffpunkt alliierter und deutscher Freunde" im Rahmen der Allied Friendship Travel Association[18].

In Berlin etablierten sich außerdem stark frequentierte quasi-öffentliche Prostitutions-Treffpunkte in der Trümmergesellschaft, die polizeilich lange kaum zu kontrollieren oder einzudämmen waren; das galt in den 1950er Jahren auch für das diktatorisch regierte Ost-

---

[14] Vgl. Clayton J. Whisnant, Male Homosexuality in West Germany. Between Persecution and Freedom, 1945–69, London/New York 2012, S. 1 ff.; Florence Tamagne, A History of Homosexuality in Europe: Berlin, London, Paris 1919–1939, 2 Bde., New York 2006, S. 37–43.
[15] Vgl. Robert Beachy, Das andere Berlin. Die Erfindung der Homosexualität. Eine deutsche Geschichte 1867–1933, München 2014, S. 79–140 und S. 285–338.
[16] Vgl. Dagmar Herzog, Sexuality in Europe. A Twentieth-Century History, Cambridge u.a. 2011, S. 123.
[17] Vgl. Andreas Pretzel, Homosexuellenpolitik in der frühen Bundesrepublik, Hamburg 2010, S. 18.
[18] Volker Janssen (Hrsg.), Der Weg zu Freundschaft und Toleranz. Männliche Homosexualität in den 50er Jahren, Berlin (West) 1984, S. 16.

Berlin[19]. Berlin war bereits in der Zwischenkriegszeit das Zentrum homosexueller Prostitution in Europa gewesen; neben rund 650 „Professionellen" hatte es zahlreiche Gelegenheitsstrichjungen gegeben. Diese waren neben wirklichen oder vermeintlichen „Jugendverführern" die ersten Opfer der NS-Repression geworden[20]. Die stark kriegszerstörte Stadt wurde in den 1940er und 1950er Jahren, wie Jennifer Evans gezeigt hat, von einem staatlich kaum zu kontrollierenden „Untergrund" geprägt, wo insbesondere die Nachkriegsjugend längerfristig einen Ort unkontrollierter Selbstbestimmung gefunden hatte – einschließlich einer homosexuellen Subkultur. Auch die Bahnhöfe der Stadt waren stets Orte sexueller Transaktionen gewesen[21].

Umgekehrt wurden in der Berliner Nachkriegszeit polizeiliche Kontrollversuche der Bahnhöfe stets zu definitorischen Grenzsetzungen zwischen respektabler und abgelehnter beziehungsweise kriminalisierter Sexualität. Einerseits ging es um Jugendschutz gegen erwachsene Verführer, andererseits um Stigmatisierung jugendlicher Stricher im Gegensatz zu bürgerlichen Formen (homo)sexueller Respektabilität. Staatliche Repressions- oder Diffamierungsversuche konnten an diese alltagspraktisch etablierten Grenzziehungen gezielt anknüpfen. Zugleich etablierte oder verfestigte der polizeiliche Zugriff eine Hierarchie der Gemaßregelten und Verfolgten: Es erfolgte eine negative Privilegierung der männlich-jugendlichen Prostituierten gegenüber weiblichen Prostituierten; effeminierte Jungen waren wiederum sichtbarer und damit stärker dem polizeilichen Zugriff ausgesetzt als unauffälligere „männlich" wirkende Jugendliche. Wenn in diesem Zusammenhang für die 1960er Jahre die Ausbildung einer neuen, betont „maskulinisierten" homosexuellen Identität konstatiert wurde, deutet dies auf innere Hierarchisierungen innerhalb dieser heterogenen Gruppe von Männern mit „Makel" hin.

Nicht nur die Jugendprostitution knüpfte nach 1945 im geteilten Berlin an ältere Traditionen an. So hat Jens Dobler das Beispiel des aus der bürgerlichen Jugendbewegung des frühen 20. Jahrhunderts stammenden Erhard G. angeführt, um zu demonstrieren, wie homoeroti-

---

[19] Vgl. Rolf Schneider, Das Lächeln des André Gide. Geheuchelte Normalität? Die Homosexuellen in der DDR wollen kein Doppelleben führen, in: Frankfurter Allgemeine Zeitung Magazin vom 16.4.1987, S. 50–58, hier S. 54.
[20] Tamagne, History, S. 43 und S. 359; vgl. ausführlich Martin Lücke, Männlichkeit in Unordnung. Homosexualität und männliche Prostitution in Kaiserreich und Weimarer Republik, Frankfurt a.M./New York 2008.
[21] Vgl. hierzu und zum Folgenden Evans, Life, S. 44f., S. 103 und S. 132.

sche Interessen eines Erwachsenen an Jugendlichen sogar unter dem Dach einer offiziellen Jugendorganisation in der DDR ausgelebt werden konnten. Umgekehrt erklärt solche homosexuelle Kontinuität in homosozialen Massenorganisationen auch die Beibehaltung des NS-Paragrafen 175a – 1935 nicht zuletzt geschaffen zur Verfolgung homosexueller Phänomene in NS-Organisationen wie der Hitlerjugend – im SED-Staat, der über ähnliche homosoziale Organisationen verfügte und wachte. Doblers Zeitzeuge G. hatte 1947 in Ost-Berlin eine Ortsgruppe des in Konkurrenz zur Freien Deutschen Jugend (FDJ) stehenden Demokratischen Jugendverbands gegründet, die er bis zur Selbstauflösung dieser Organisation 1952 leitete. Mit den Organisationsstrukturen verschwanden nicht gleich die Netzwerke: Auch später traf sich G. mit früheren Mitgliedern seines Jugendverbands in den homosexuellen Szenekneipen Ost-Berlins, „und auch den Strich am Bahnhof Friedrichstraße nutzte er regelmäßig, um mit den Jungs auf die Schnelle in den Trümmergrundstücken zu verschwinden"[22].

Waren Prostitution und Szenekneipen im geteilten Berlin gemeinsame Phänomene, so unterschied sich die Situation sehr deutlich im Hinblick auf Selbstorganisation von Vereinen oder Medien. In der SED-Diktatur wurde sehr rasch keinerlei Selbstorganisation mehr geduldet – folglich auch nicht jene von Homosexuellen. Hingegen blieben in West-Berlin die um 1950 neu etablierten emanzipatorischen Homosexuellen-Organisationen wie die Gesellschaft für Reform des Sexualrechts oder die Internationale Freundschaftsloge länger als anderswo in Westdeutschland aktiv[23]. Partiell knüpften diese Neugründungen an Aktivitäten des vom Sexualwissenschaftler Magnus Hirschfeld initiierten Wissenschaftlich-Humanitären Komitees der späten Kaiserzeit und der Weimarer Republik an, die 1933 vom NS-Regime mit der Schließung von Hirschfelds Institut für Sexualwissenschaft und dem Autodafé der Schriften Hirschfelds im Zuge der Bücherverbrennungsaktion abrupt abgebrochen worden waren[24]. Partiell versuchten sich die Neugründungen nach 1945 aber auch von dieser Weimarer Tradition abzugrenzen und viel stärker als staats- und gesellschaftskonform zu präsentieren[25].

---

[22] Dobler, Schwules Leben, S. 158 ff.
[23] Vgl. Whisnant, Male Homosexuality, S. 79 und S. 88 f.; Dobler, Ufer, S. 228.
[24] Vgl. Beachy, Das andere Berlin, S. 373 ff.
[25] Dies zeigt sich in der Abgrenzung des westdeutschen Sexualwissenschaftlers Hans Giese gegen Hirschfeld; vgl. Sibylle Steinbacher, Wie der Sex nach

4. Zwischen verstärkter Repression und Selbstbehauptung: Lebenssituationen in den späten 1950er Jahren

Dieser neuerlichen Entfaltung in den 1940er und frühen 1950er Jahren stand ein wachsender gesellschaftlicher und politischer Drang zur „Normalisierung" gegenüber, der Homosexuelle stigmatisierte und sich auch in west-östlicher Verfolgungskooperation innerhalb Berlins manifestiert haben könnte. Deutsch-deutsche Wechselwirkungen gab es jedenfalls frühzeitig, attackierten doch DDR-Publikationen – darunter auch kirchliche – gezielt die in Westdeutschland grassierende Gefährdung der Jugend durch sittlich anstößige Printmedien: „Im deutsch-deutschen Schlagabtausch diente Sexualität als Abgrenzungsmarkierung" – bis in die Bundestagsdebatten über „Schmutz und Schund" hinein, die der Verabschiedung eines neuen Bundesgesetzes gegen „jugendgefährdende Schriften" 1953 voraus gingen. Homosexuelle Printmedien – in der DDR ohnehin durch strikte Zensur ausgeschlossen beziehungsweise allenfalls als illegale Einfuhren aus dem Westen erhältlich – sahen sich auch in der Bundesrepublik seit der 1953 einsetzenden restriktiven Gesetzgebung deutlich zurückgedrängt[26]. Das Klima wurde seit den frühen 1950er Jahren in westdeutschen Großstädten mit homosexuellen Szenen deutlich rauer, wie die Massen-Prozesse wegen Verstößen gegen den § 175 in Frankfurt am Main oder die homophoben Aktivitäten des in Köln zentrierten katholisch-konservativen Volkswartbunds nachdrücklich zeigten[27]. In Hamburg scheint man sich liberaler verhalten zu haben, doch konnte gerade West-Berlin zum Rückzugsort für sonst bedrängte homosexuelle Medien werden. 1959 soll in Deutschland nur noch eine einzige Verlagsfirma existiert haben, deren Sitz 1956 nach West-Berlin verlegt worden war[28]. Eine der langlebigsten Publikationen war nicht zufällig die in West-Berlin und Hamburg publizierte Zeitschrift „Der Weg zu Freundschaft und Toleranz" (kurz: „Der Weg"), die zwischen 1951 und

---

Deutschland kam. Der Kampf um Sittlichkeit und Anstand in der frühen Bundesrepublik, München 2011, S. 216 ff. Zum Folgenden vgl. ebenda, S. 74 f.

[26] Am Beispiel Hamburgs: Raimund Wolfert, Zwischen den Stühlen. Die deutsche Homophilenbewegung in den 1950er Jahren, in: Forschung im Queerformat. Aktuelle Beiträge der LSBTI*-, Queer- und Geschlechterforschung, hrsg. von der Bundesstiftung Magnus Hirschfeld, Bielefeld 2014, S. 87–104, hier S. 90.

[27] Vgl. Dagmar Herzog, Die Politisierung der Lust. Sexualität in der deutschen Geschichte des 20. Jahrhunderts, München 2005, S. 112–117.

[28] Vgl. Whisnant, Male Homosexuality, S. 106 f.

1970 erschien[29] und erst durch die nach der liberalen Strafrechtsreform von 1969 einsetzende Gründungswelle modernerer Szene-Zeitschriften verdrängt wurde[30]. Auch für diese Transformation homosexueller Medien scheint West-Berlin ein Vorreiter gewesen zu sein: So publizierte 1967 die von einem Kreuzberger Verlag gegründete Zeitschrift „pro these – zeitschrift für unvollkommene" ein Themenheft über Homosexualität, das „komplett mit dem hausbackenen Image der Schwulenzeitschriften jener Zeit" zu brechen wagte: „Es war offen, sexuell freizügig, radikal mit hohem künstlerischen Anspruch."[31]

1949 war die Neugründung des 1933 verbotenen Wissenschaftlich-Humanitären Komitees, die unter Mitwirkung des ins britische Exil geflüchteten Hirschfeld-Mitarbeiters Kurt Hiller hatte erfolgen sollen, „am Widerstand des Bezirksamtes Zehlendorf" noch gescheitert. Doch 1958 wurde – mit Schwerpunkten in Kreuzberg und Charlottenburg – der Bund für Menschenrechte neu begründet, wozu eine in West-Berlin schon existierende Magnus-Hirschfeld-Gesellschaft mitsamt „Archiv für Sexualwissenschaft" aktiv beitrugen. Zur selben Zeit entfaltete sich in West-Berlin die Subkultur erneut – deutlich vor dem vermeintlichen Schlüsseljahr 1968. Das gilt insbesondere für die junge Künstlerszene der „Kreuzberger Bohème", in der sich der international renommierte Modefotograf Herbert Tobias oder etwas später der schwule Filmemacher Rosa von Praunheim bewegten und in der „Bi- und Homosexualität [...] kaum tabuisiert" wurden[32]. Vom in der Adenauer-Republik dominierenden katholischen Konservatismus wenig berührt, blieb das entweder protestantische oder säkularisierte West-Berlin eine vergleichsweise liberale Insel.

Auch die polizeiliche Überwachung dieser Szene scheint in West-Berlin weniger intensiv als in anderen westdeutschen Großstädten gehandhabt worden zu sein: Die berüchtigten „Rosa Listen" der Kriminalpolizei enthielten in West-Berlin 1954 angeblich 3500 Namen – im

---

[29] Vgl. Benno Gammerl, Ist frei sein normal? Männliche Homosexualitäten seit den 1960er Jahren zwischen Emanzipation und Normalisierung, in: Peter-Paul Bänziger u.a. (Hrsg), Sexuelle Revolution? Zur Geschichte der Sexualität im deutschsprachigen Raum seit den 1960er Jahren, Bielefeld 2015, S. 223–243, hier S. 320 Anm. 25.
[30] Vgl. Schwartz, Entkriminalisierung.
[31] Dobler, Ufer, S. 231; das folgende nach ebenda, S. 228.
[32] Ebenda, S. 230.

Unterschied zu Köln mit fast 4700 im Jahr 1955[33]. Zwar wurden die Resultate einer im November 1957 in einem Kreuzberger Szenelokal durchgeführten Polizei-Razzia (mit 33 Verhaftungen und 14 nachgewiesenen strafbaren Handlungen) vom verantwortlichen Berliner Kriminalhauptkommissar im April 1959 auf einer Tagung des Bundeskriminalamts stolz als erfolgreicher Kampf gegen das „Strichjungenunwesen" präsentiert. Doch zur gleichen Zeit setzte sich Wolfram Sangmeister – der Chef des West-Berliner Landeskriminalamts (LKA) – öffentlich für die Entkriminalisierung der Erwachsenen-Homosexualität ein[34]. Die Szene-Zeitschrift „Der Weg" dankte Sangmeister 1955 ausdrücklich für diese damals keineswegs selbstverständlichen Plädoyers[35]. Allerdings verstand der oberste Kriminalbeamte West-Berlins darunter primär eine strategische Entlastung der Polizeiarbeit, um sich ganz den männlichen Prostituierten widmen zu können, die er kollektiv als „gemütskalte Psychopathen" und „kaltblütige Gewaltverbrecher" einstufte. Sangmeisters Behauptung, männliche Prostituierte seien durchweg Schwerkriminelle und so gut wie nie resozialisierbar, entsprachen nicht den zeitgenössischen kriminologischen Erkenntnissen. Dasselbe galt für die aufgebauschte Zahl der in Berlin angeblich aktiven männlichen Prostituierten, die Sangmeister auf rund 3000 bezifferte, obschon seine eigene Kriminalpolizei zwischen 1948 und 1961 lediglich die Hälfte registriert hatte und die Zahl der Aktiven auf 350 bis 500 schätzte[36].

Die Prioritätensetzung des Landeskriminalamts hatte immerhin zur Folge, dass – ähnlich wie in Ost-Berlin – die „einfache Homosexualität" unter Erwachsenen in West-Berlin in den späten 1950er Jahren nur relativ selten von effektiver Strafverfolgung bedroht war – zu einer Zeit, als in Westdeutschland diese Verfolgung immer intensiver betrieben wurde, so dass sich die Zahl der Verurteilten zwischen 1950 und 1959 verdoppelte[37]. Die West-Berliner Kriminalpolizei verfolgte stattdessen den Ansatz, trotz des geltenden Strafrechts „sinnvoll vorzugehen",

---

[33] Vgl. Whisnant, Male Homosexuality, S. 30.
[34] Vgl. Dobler, Ufer, S. 236–239; Andreas Pretzel, Aufbruch und Resignation. Zur Geschichte der „Berliner Gesellschaft für Reform des Sexualstrafrechts e.V." 1948–1960, in: ders. (Hrsg.), NS-Opfer, S. 287–338, hier S. 319f.
[35] Vgl. Gottfried Lorenz, Töv, di schiet ik an. Beiträge zur Hamburger Schwulengeschichte, Berlin 2013, S. 256.
[36] Pretzel, NS-Opfer, S. 320.
[37] Von 1920 Verurteilungen 1950 auf 3530 1959; vgl. Schäfer, Unzucht, S. 102 Anm. 132.

wobei als „sinnlos" definiert wurde, „wenn die Polizei ihren Einsatz gleichmäßig stark auf die Verfolgung aller Verstöße gegen den Paragraphen 175 verteilte". LKA-Chef Sangmeister sah diese selektive Strategie gerechtfertigt durch die Tatsache, „daß die Homosexualität weit verbreitet" sei und dennoch „in den letzten Jahren in Westberlin nur je 150 bis 180 Fälle von den Gerichten verfolgt wurden"[38].

5. Lebenssituationen in zwei getrennten Welten: Das geteilte Berlin in den 1960er Jahren

Wolfram Sangmeister blieb als Chef des LKA bis zum Krisenjahr 1968 im Amt. Insofern beschrieb die West-Berliner „BZ" – seit 1960 ein Blatt des Springer-Konzerns – exakt die Folgen des Kurses der Ära Sangmeister, als sie im März 1967 West-Berlin zur „heimliche[n] Hauptstadt der ‚anderen'" deklarierte[39]. Der Journalist Jörg Schwarze begründete diese Einschätzung mit der „sprunghaft[en]" Vermehrung der „Treffpunktlokale" sowie des „Strichjungen-Unwesen[s]". Beides führte er auf die „verhältnismäßig liberal[e]" Haltung der West-Berliner Justiz zurück, der die Springer-Presse die Auffassung unterstellte, der Staat habe sich um Moral und Sitten erwachsener Menschen nicht zu kümmern[40]. Das war in der Tat 1967 in beiden deutschen Staaten nicht die geltende Rechtslage, sehr wohl allerdings die Position jener Strafrechtsreformer, die sich damit 1968 in der DDR und 1969 in der Bundesrepublik durchsetzen sollten. Der damalige Bundesjustizminister Gustav Heinemann (SPD) drückte diese liberale Grundhaltung mit der berühmten Feststellung aus, der Staat habe in den Schlafzimmern seiner Bürger nichts zu suchen[41].

Jörg Schwarze von der „BZ" beobachtete überdies, dass die unter Medizinern vorherrschende Auffassung von Homosexualität als Krankheit zu dieser liberalen Sicht der West-Berliner Justiz erheblich beigetragen habe, und er verwies darauf, dass sich diese Sichtweise mit den Zielen der Großen Strafrechts-Kommission der Bundesregierung

---

[38] Zit. nach Janssen, Weg, S. 11.
[39] Elmar Kraushaar, Der homosexuelle Mann. Anmerkungen und Beobachtungen aus zwei Jahrzehnten, Berlin 2004, S. 85.
[40] BZ vom 10.3.1967: „Berlin: heimliche Hauptstadt der ‚anderen'" (Jörg Schwarze); die folgenden Zitate finden sich ebenda.
[41] Vgl. Michael Schwartz, „Warum machen Sie sich für die Homos stark?" Homosexualität und Medienöffentlichkeit in der westdeutschen Reformzeit der 1960er und 1970er Jahre, in: Jahrbuch Sexualitäten 1 (2016), S. 51–93, hier S. 66.

zur gänzlichen Abschaffung der Strafbarkeit der sogenannten einfachen Homosexualität decke. „Um so unnachsichtiger" werde aber auch in Berlin die Unzucht mit Abhängigen, die Prostitution und die Verführung Minderjähriger verfolgt – also die Straftatbestände nach § 175a StGB, auf den Sangmeisters Kriminalpolizei ihre Ermittlungen seit langem konzentrierte. 1966 hatte es laut „BZ" 122 Ermittlungsverfahren „wegen gleichgeschlechtlicher Unzucht mit Knaben unter 14 (!) Jahren" gegeben.

Die „BZ" verwies darauf, dass die partielle „Großzügigkeit" der Berliner Behörden immer wieder „heftig diskutiert" würde – ohne allerdings die Kritiker namhaft zu machen. Als Jörg Schwarze betonte, anders als andere westdeutsche Großstädte kenne Berlin keine Polizeistunde, keine Kleiderverordnung (gegen Transvestiten) und kein Verbot mann-männlichen Tanzens, fügte er zur Beruhigung seiner offenbar verunsicherten Leserschaft sofort hinzu: „Damit kein Irrtum entsteht: Diese freiheitlichen Bestimmungen können keineswegs aus einem normal veranlagten Berliner einen Homosexuellen machen. Die Wissenschaft hat festgestellt, daß ein ganz bestimmter Anteil der Bevölkerung zur Abartigkeit neigt."

Daraus folgerte Schwarze, dass die deutliche Zunahme von Homosexuellen in West-Berlin nur durch Zuwanderung erklärt werden könne. Das werde jedoch aus politischen Gründen verschwiegen; nur hinter vorgehaltener Hand bestätigten Verantwortliche, „daß Berlin während des Flüchtlingsstroms aus dem Osten wie ein Sieb für Entwurzelte gewirkt" habe, womit auch homosexuelle DDR-Flüchtlinge gemeint waren. Unter den Zuwanderern aus Westdeutschland fänden sich ebenfalls überdurchschnittlich viele Homosexuelle. Jörg Schwarze spielte einige repressive Varianten durch, um diese sofort als nicht praktikabel zu verwerfen: „Nein, Maßnahmen würden nicht viel helfen. Vielleicht sollten wir uns einfach damit abfinden, daß wir eine Großstadt bilden, die den Homosexuellen magnetisch anzieht, weil sie ihm die gewünschte Anonymität bietet." Denn laut Meinungsumfragen scheuten „95 Prozent der Abartigen nichts mehr [...] als das Erkanntwerden". Schließlich wisse jeder erwachsene Homosexuelle", dass er „‚im Volke' geächteter" sei „als selbst der Verführer kleiner Kinder".

Während West-Berlin zu einem attraktiven Ausnahmeort für Homosexuelle geworden zu sein scheint, veränderte der Mauerbau von 1961 die Situation in Ost-Berlin gravierend. Es wäre zu klären, ob die Behauptung der „BZ" von 1967, unter den DDR-Flüchtlingen bis 1961 seien überdurchschnittlich Homosexuelle gewesen, tatsächlich zutraf. Es ist nicht zu verkennen, dass diese Kolportage der West-Berliner Springer-Presse aufs Beste mit der Propaganda des SED-Regimes übereinstimmte. So hatte die DDR 1961 eine homophobe Medienkampagne gegen einen der ersten Mauertoten, den 24jährigen Günter Litfin, organisiert, um diesen als Asozialen und homosexuellen Prostituierten zu denunzieren. Das SED-Zentralorgan „Neues Deutschland" hatte zu Litwins angeblichen Fluchtursachen erklärt: „Der 13. August trennte ihn von seinen ‚Liebhabern', und in der Hauptstadt der DDR blieb sein Gewerbe aussichtslos."[42]

Gravierende Änderungen brachte der Mauerbau zweifellos, indem die bisherigen Verbindungen der homosexuellen Szenen beider Stadthälften rigoros unterbrochen wurden. Dadurch wurden auch diverse west-östliche Partnerschaften innerhalb der Stadt abrupt zerstört[43]. Die Isolierung Ost-Berlins wurde darüber hinaus vom SED-Regime genutzt, um die seit 1945 etablierten Szenestrukturen zu zerschlagen. „Anfang der 1960er Jahre" – also nach dem Mauerbau – beobachtete der West-Berliner Zeitzeuge Erhard G. eine Zunahme staatlicher Repression in der DDR, offenbar vor allem durch Lokalschließungen und Polizeiverhöre. Auch Jens Dobler deutet den Mauerbau als repressive Zäsur: „Dadurch änderte sich erst 1961 die gemeinsame Entwicklung in Berlin. Im Ostteil wird das öffentliche schwule Leben zurückgedrängt, im Westen differenziert es sich trotz schwerster Repressionen stärker aus."[44] Die Erinnerungen des damals in Ost-Berlin lebenden Schriftstellers Rolf Schneider stützen diese Sicht. Demnach trafen sich Homosexuelle in den 1960er Jahren vor allem auf privaten Parties, da es kaum noch Chancen gegeben habe, sich in öffentlichen Lokalen kennenzulernen. Solche Zusammenkünfte im privaten Raum seien insbesondere für Randgruppen in der Randgruppe – etwa „für Fummeltrinen und Lederjungs" – die „einzige Chance" gewesen, sich in speziellen Outfits zu zeigen[45]. Die Zerschlagung von Milieustrukturen zog nach 1961 offenbar einen langandauernden Rückzug von Homo-

---

[42] Potsdamer Neueste Nachrichten vom 12.5.1997: „Bestaunt, bedroht, befreit" (Elmar Kraushaar); vgl. auch Olaf Brühl, Sozialistisch und schwul. Eine subjektive Chronologie, in: Wolfram Setz (Hrsg.), Homosexualität in der DDR. Materialien und Meinungen, Hamburg 2006, S. 89–152, insbesondere S. 104.
[43] Vgl. Schneider, Lächeln, S. 56.
[44] Dobler, Schwules Leben, S. 160 und S. 162.
[45] Schneider, Lächeln, S. 56; das Folgende nach ebenda, S. 54.

sexuellen in Ost-Berlin (wie in der DDR insgesamt) ins Private nach sich – eine Situation, die sich erst im Laufe der 1980er Jahre ändern sollte.

Nicht nur in West-Berlin bildete die Kunst- und Kulturszene einen privilegierten Lebens- und Rückzugsraum für Homosexuelle, wie anhand der „Kreuzberger Bohème" gezeigt werden konnte. Rolf Schneider erinnert sich in ähnlicher Weise an den Ost-Berliner Künstlerklub „Die Möwe" in der zentral gelegenen Luisenstraße als privilegierte Sonderzone homosexuellen Lebens.

Öffentlich aber sei Homosexualität strikt beschwiegen worden. Als ein prominenter DDR-Schauspieler adliger Abkunft durch seinen Liebhaber zu Tode gekommen sei, sei das kein Thema für Nachrufe in der Presse gewesen. Prominente homosexuelle Künstler früherer Zeiten seien nie als solche diskutiert worden; auch er selbst habe damals in einem langen Essay über Klaus Mann dessen Homosexualität überhaupt nicht erwähnt, weil dies „ohnehin nicht zum Druck gelangen würde". Das habe er gelernt, als der Verlag, in dem er gearbeitet habe, Sartres „Kindheit eines Chefs" mitsamt einer homosexuellen Episode veröffentlicht habe – worauf „DDR-Kulturpapst Alfred Kurella" das Ganze als „dekadent" schärfstens verurteilt habe. Eine „schwule Öffentlichkeit" gab es in der frühen DDR ebenso wenig wie in Ost-Berlin[46].

Wer nicht zum Künstler-Milieu gehörte und womöglich dennoch geoutet wurde, hatte auch in der DDR-Gesellschaft schärfste soziale Diskriminierung zu gewärtigen. Rolf Schneider berichtet von einem mecklenburgischen Stadtbaudirektor, der sich scheiden ließ, nachdem er sich seiner homosexuellen Neigung bewusst geworden war, und dessen Homosexualität der Rechtsanwalt der Ehefrau vor Gericht „mit einer [derart] ungenierten Offenheit und höhnischen Arroganz attackierte, daß der Prozeß [...] zu einer nicht mehr korrigierbaren Demütigung" wurde. Der Betroffene gab seine Stellung auf und verließ die Region für immer, um in Ost-Berlin zu arbeiten. Weder unter Kollegen noch unter seinen SED-Genossen offenbarte der Architekt jedoch seine sexuelle Orientierung, er führte nach seiner traumatischen Erfahrung in Mecklenburg vielmehr in Ost-Berlin eine streng getrennte Doppelexistenz. Sein 17 Jahre jüngerer Partner hingegen, Musiker in einem Ost-Berliner Symphonieorchester, ging viel unverkrampfter mit der eigenen Homosexualität um. Aber er lebte eben im

---

[46] Starke, Schwuler Osten, 1994, S. 54.

toleranten Künstlermilieu der DDR-Hauptstadt[47]. Zuzüge wie der des Architekten aus Mecklenburg waren im Ost-Berlin der 1950er und 1960er Jahre keine Seltenheit, wie lebensgeschichtliche Interviews in neuesten Forschungen demonstrieren[48].

6. Ausblick

Beide Hälften der geteilten Metropole Berlin wurden zu „Sehnsuchtsorten", weil die gesellschaftlichen Verhältnisse der Großstadt größere Lebenschancen für Homosexuelle verhießen und tatsächlich oft auch boten. So sind im Zuge eines neueren Forschungstrends, der die europäischen Metropolen als Orte der Individualisierung und Modernisierung in den Blick nimmt, auch die beiden geteilten und doch oft aufeinander bezogenen Hälften Berlins gezielt zu untersuchen. Dabei wären die Verbindungen und Vernetzungen von Homosexuellen beider Stadthälften umfassender zu rekonstruieren, wie sie zumindest für männliche Prostitution bis zum Mauerbau 1961 auch im Hinblick auf alltägliche Grenz-Überschreitungen bereits nachgewiesen sind. Die Mauer zerschnitt diese Vernetzungen oder hat sie zumindest massiv erschwert. Zugleich verursachte der Mauerbau eine unterschiedliche Entwicklung der homosexuellen Subkulturen in beiden Stadthälften – hüben größere Offenheit und Öffentlichkeit, drüben ein längerer Rückzug ins Private. Immerhin wäre zu fragen, ob diese Abschottung lediglich repressiv gewirkt hat oder auch neue Potenziale für Selbstbewusstsein und Emanzipation freisetzte. Zugleich boten die kulturell-künstlerischen Milieus deutliche Freiräume für homosexuelle Selbstentfaltung.

Ferner könnten auch die West-Berliner Studentenbewegung der späten 1960er Jahre und deren erste Vernetzungen mit einer jüngeren Generation Ost-Berliner Homosexueller betrachtet werden. Zu erinnern ist hier an die zeitliche Koinzidenz interessenpolitischer Organisations-Gründungen linksorientierter junger Homosexueller in West- und dann auch in Ost-Berlin zwischen 1969 und 1973[49]. Zu erinnern ist auch an die 1973 in Ost-Berlin veranstalteten Weltfestspiele der Jugend,

---

[47] Schneider, Lächeln, S. 52, S. 54 und S. 56.
[48] Vgl. Maria Borowski, Heterosexualität als Bürgerpflicht. Vom Abweichen der Norm. Lesbische und schwule Lebensgestaltungen in der frühen DDR, Diss., Berlin 2016.
[49] Vgl. Timothy Scott Brown, West Germany and the Global Sixties. The Antiauthoritarian Revolt, 1962–1978, Cambridge u.a. 2013, S. 321 ff.

die westliche (etwa britische) Homosexuellen-Aktivisten in die „Hauptstadt der DDR" brachten, was den dortigen emanzipatorischen Aktivismus mitbegründen half[50]. Im Zuge eines Generationswechsels spielten akademisch geprägte und linkssozialistisch orientierte Jugendmilieus auf beiden Seiten der Mauer eine zentrale Rolle. Diese sollten um 1970 einen Teil der lange als „illegitimate individuals"[51] abgestempelten homosexuellen Männer mit „Makel" provozierend in eine polarisierte Öffentlichkeit bringen. Die Öffnung der westdeutschen TV-Medien für die homosexuelle Thematik nach 1970 sollte dabei auch in die ostdeutsche Gesellschaft hineinwirken.

---

[50] Vgl. McLellan, Love, S. 121.
[51] Moritz Föllmer, Individuality and Modernity in Berlin. Self and Society from Weimar to the Wall, Cambridge u.a. 2013, S. 207.

Benno Gammerl
Eine makellose Liebe?
Emotionale Praktiken und der homophile Kampf um Anerkennung

1. Heteronormalität und Diskriminierung männerliebender Männer

Das Bild aus einem Werbeprospekt der 1950er Jahre zeigt in einer Nussschale, wie man auf Englisch sagen würde, was ein erfolgreicher Mann in der Wirtschaftswunderzeit haben musste: eine Frau, ein Kind, eine Thermoskanne und ein Auto, in dem alles Platz hat. Ehe, Vaterschaft und mithin Heterosexualität gehörten – neben beruflichem Erfolg und finanziellem Wohlstand – zu den zentralen Dimensionen hegemonialer Männlichkeit, nicht nur in der Bundesrepublik. Monogame Treue vorausgesetzt, schließt dieses Bild implizit jegliche Form homosexuellen Begehrens aus.

Kehrseiten dieses scheinbaren Idylls waren die gesellschaftliche Diskriminierung und die strafrechtliche Verfolgung männerliebender Männer. Im Zentrum der folgenden Überlegungen stehen die homosexuellenfeindliche Ausrichtung der Gesellschafts- und Geschlechterordnung nach 1945 in Westdeutschland sowie deren Auswirkungen auf die emotionalen Muster, Identitätspolitiken und emanzipativen Strategien im Feld der männlichen Homosexualitäten. Dabei stützt sich die Analyse auf 2008 und 2009 geführte Oral History-Interviews mit zwischen 1935 und 1970 geborenen männerliebenden Männern und auf – im zeitgenössischen Jargon – homophile Magazine der 1950er und 1960er Jahre wie „Der Weg" oder „Der Kreis"[1].

---

[1] Zu den Interviews vgl. Benno Gammerl, Can you feel your research results? How to deal with and gain insights from emotions generated during oral history interviews, in: Helena Flam/Jochen Kleres (Hrsg.), Methods of Exploring Emotions, Abingdon/New York 2015, S. 153–162; Benno Gammerl, Erinnerte Liebe. Was kann eine Oral History zur Geschichte der Gefühle und der Homosexualitäten beitragen?, in: GuG 35 (2009), S. 314–345. Bei den genannten Namen der Erzählpersonen handelt es sich um Pseudonyme.

Familienetui? Werbebild für die BMW Isetta (1959); Quelle: BMW Group Archiv AF 23388-1.

2. Der Kuss als gefährliche Praxis

Wie tiefgreifend der § 175 des Strafgesetzbuchs, der einvernehmliche sexuelle Handlungen zwischen erwachsenen Männern kriminalisierte, zwischenmännliche Gefühlsmuster und Intimitätspraktiken prägte, zeigt beispielsweise der sogenannte Schenkelverkehr. Viele bevorzugten diese lange Zeit gängige Praxis, weil sie den bis 1935 für eine Verurteilung notwendigen Nachweis beischlafähnlicher Handlungen erschwerte. Nach 1935 – und in der Bundesrepublik durchgängig bis

1969 – konnten bereits deutlich weniger elaborierte Gesten der Zuneigung, wie insbesondere der Kuss, eine Gefängnisstrafe rechtfertigen[2]. Dadurch geriet zumindest für einige männerbegehrende Männer gerade der Kuss zum Menetekel, zum gefährlichen Zeichen des Verstoßes gegen gesellschaftliche Normen.

Herr Kuhn (Jahrgang 1938) erzählt beispielsweise, dass er in den späten 1960er Jahren bereits verschiedene Formen gleichgeschlechtlicher Sexualität praktiziert, allerdings noch keinen Mann geküsst hatte. Alles jenseits des Küssens, so habe er sich damals eingeredet, sei „ganz legal", da sei man „noch [...] nicht ganz schwul"[3]. Das Küssen jedoch sei nur etwas für Mann und Frau[4]. In ähnlicher Weise beschränkte sich Herr Melling (Jahrgang 1949) bei seinen ersten intimen Erfahrungen mit einer Frau auf „Küssen und, äh, von der Gürtellinie nach oben"[5], während er seine erste sexuelle Begegnung mit einem Mann so beschreibt: „Von der Gürtellinie nach unten, okay, den Trieb befriedigen, das war in Ordnung, aber mit Gefühl, nein."[6] Nach seiner Hochzeit mit Ende 20 suchte Herr Melling regelmäßig die in diesem Sinne rein sexuelle Nähe anderer Männer, während er das Zusammensein mit seiner Ehefrau als „das Richtige" betrachtete, das auch sozusagen höher stehende Körperregionen involvieren durfte[7]. Weil er diese Einstellung im Prinzip teilte, habe es den unverheirateten Herrn Kuhn „abgestoßen", als er mit ungefähr 20 Jahren in einem einschlägigen Lokal sah, wie sich zwei Männer küssten[8]. Auch zehn Jahre später erschrak er heftig, als ihm in Amsterdam ein Freund „'nen richtig heißen Lippenkuss" gab, und das auch noch in der Öffentlichkeit des Opernentrees[9]. „Da ich mit mir selber nicht, äh, im Reinen war", sagt Herr Kuhn rückblickend, „war der Kuss das letzte, was ich also dann zur [...] zur Anpassung noch gema-, oder zur, dass ich mich akzeptiert habe."[10]

Diese Beispiele zeigen, wie nachhaltig gesellschaftliche Normen die Gefühlspraktiken einzelner Akteure prägten und wie direkt sich

---

[2] Vgl. Burkhard Jellonnek, Homosexuelle unter dem Hakenkreuz. Die Verfolgung von Homosexuellen im Dritten Reich, Paderborn 1990, S. 112–115.
[3] Herr Kuhn, Int. 1, Seq. 272.
[4] Herr Kuhn, Int. 1, Seq. 266.
[5] Herr Melling, Int. 1, Seq. 20.
[6] Herr Melling, Int. 1, Seq. 24.
[7] Herr Melling, Int. 1, Seq. 24.
[8] Herr Kuhn, Int. 1, Seq. 260.
[9] Herr Kuhn, Int. 1, Seq. 182.
[10] Herr Kuhn, Int. 1, Seq. 266.

der Wandel von Moralvorstellungen auf emotionale Verhaltensweisen auswirkte. Herrn Kuhns Formulierung von der letztlich doch noch errungenen Akzeptanz seines eigenen gleichgeschlechtlichen Begehrens verweist zudem auf die Bedeutung unterschiedlicher Identitätspolitiken auf dem Feld der Homosexualitäten. Ende der 1960er Jahre, also just zu der Zeit, als Herr Kuhn in Amsterdam seine Scheu vor dem Männerkuss überwand, trat das selbstbewusste schwule Bekenntnis zum Anderssein neben homophile Selbstentwürfe, die – wie diejenigen von Herrn Kuhn und Herrn Melling – weder auf Offenheit noch auf Eindeutigkeit ausgerichtet waren und stattdessen auf der Logik des Verstecks und dem Spiel mit Ambivalenzen beruhten.

3. Das Doppelleben

Wie nicht wenige seiner Zeitgenossen und Zeitgenossinnen dachte der jüngere Herr Kuhn, dass das Küssen und die „anständigen" Formen der Liebe heterosexuellen Paaren vorbehalten seien und sein sollten. Männerbegehrende Männer tummelten sich stattdessen im schummrig-schaurigen Feld der flüchtigen sexuellen Kontakte, oft in unmittelbarer Nähe zum Halbwelt-Milieu der Prostitution, in Parks oder auf öffentlichen Toiletten. Dort konnte ein Mann Sex mit anderen Männern haben, ohne sich als homosexuell oder schwul identifizieren zu müssen. Diese oft als abseitig betrachtete Dimension des eigenen Lebens durfte jedoch – insbesondere solange in der Bundesrepublik noch die im NS-Regime verschärfte Fassung des § 175 galt – nicht offen- oder ruchbar werden. Deswegen verbarg auch Herr Kuhn sein gleichgeschlechtliches Begehren hinter Fassaden. Mit Anfang 20, als er noch in einer süddeutschen Kleinstadt wohnte, unterhielt er für zwei bis drei Jahre mit der Tochter eines Direktors des Unternehmens, für das er arbeitete, eine „Liaison", die seine Eltern „natürlich toll" fanden[11]. Und auch noch lange nach seinem Umzug in eine norddeutsche Großstadt und nach der Reform des Paragrafen im Jahr 1969 achtete er in seinem beruflichen Umfeld darauf, dem Bild rechtschaffener Männlichkeit zu entsprechen. Er sei, sagt Herr Kuhn, „immer männlich aufgetreten" und habe deswegen „nie Schwierigkeiten gehabt"[12].

Das Motiv des Doppellebens prägt die Lebenserzählungen vieler männerliebender Männer, insbesondere derjenigen, die vor den

---

[11] Herr Kuhn, Int. 1, Seq. 8.
[12] Herr Kuhn, Int. 1, Seq. 182.

1950er Jahren zur Welt kamen. Nicht wenige davon gingen – wie Herr Melling – heterosexuelle Ehen ein, häufig in der Hoffnung, die ihnen selbst damals unangenehme Neigung zum eigenen Geschlecht zu überwinden[13]. Im Vergleich mit anderen Gruppen sozusagen mangelhafter Männer zeichneten sich die Homosexuellen gerade durch diese Tendenz und die Gelegenheit zum Verbergen des eigenen „Makels" im Anschein hegemonialer Männlichkeit aus[14]. Die psychischen Effekte dieser Strategie des Tarnens und Täuschens im Umgang mit Diskriminierung werden mitunter als internalisierte Homophobie beschrieben, also als eine aus der Verinnerlichung gesellschaftlicher Normen resultierende Selbstablehnung[15]. Diese Interpretation ist jedoch problematisch, weil sie die Annahme einer Verblendung impliziert. Der Ekel, den Herr Kuhn angesichts der sich küssenden Männer empfand, wäre dementsprechend ein Irrtum gewesen, der ihn von dem ablenkte, was er eigentlich selber wollte, ohne es zu wissen.

Die Annahme, dass gesellschaftliche Normen individuelle Gefühlspraktiken prägen, impliziert jedoch nicht zwangsläufig einen Widerspruch zwischen dem „eigentlichen" inneren Empfinden und dem Zeigen eines „falschen" Gefühlsausdrucks. Stattdessen kann man den Ekel vor dem Männerkuss oder andere scheinbar homophobe Gefühlsmuster auch als Phänomene begreifen, die es den einzelnen Akteuren innerhalb strikt heteronormativer Konstellationen erlaubten, ihre gleichgeschlechtliche Neigung auszuleben, ohne allzu große Risiken einzugehen. Anders gesagt: Eine Tendenz zur Distanzierung und zum Verbergen konnte unter diesen Bedingungen schlichtweg intelligent sein, und dieses Wissen fand seinen Ausdruck auch in bestimmten körperlichen Empfindungen.

---

[13] Zur Frage, wie die Erzählpersonen diese früheren heterosexuellen Beziehungen in ihre Lebensgeschichten integrieren, vgl. Benno Gammerl, Queer Romance? Romantische Liebe in den biographischen Erzählungen von westdeutschen Lesben und Schwulen, in: L'Homme 24 (2013), S. 15–34.
[14] Vgl. Raewyn Connell/James Messerschmidt, Hegemonic Masculinity. Rethinking the Concept, in: Gender & Society 19 (2005), S. 829–859.
[15] Vgl. Kurt Wiesendanger, Wo liegt das Problem? Heterosexismus, Homophobie und internalisierte Homophobie, in: Udo Rauchfleisch u.a. (Hrsg.), Gleich und doch anders. Psychotherapie und Beratung von Lesben, Schwulen, Bisexuellen und ihren Angehörigen, Stuttgart 2002, S. 53–69.

4. Die Intelligenz der Gefühle

Ein emotionshistorischer Ansatz, der eher auf Ambivalenzen achtet als auf Eindeutigkeiten zu bestehen, rückt diese spezifische Intelligenz des körperlichen Empfindens in den Blick, die aus der engen Verschränkung von gesellschaftlichen und juristischen Vorgaben auf der einen sowie emotionalen Mustern und Praktiken auf der anderen Seite resultieren konnte. Die Inkorporierung bestimmter Regeln und Normen, die sich bei Herrn Kuhn in der Ablehnung gleichgeschlechtlicher Küsse äußerte, lässt sich dementsprechend nicht nur als bruchlose Verlängerung einer heteronormativen Gesellschaftsordnung sozusagen bis ins Fleisch der einzelnen Subjekte hinein verstehen. Vielmehr geschieht an der Schnittstelle zwischen Gesellschaft und Körper, die die Gefühle markieren, etwas, das entscheidend mit den zumindest teilweise unbestimmten und unbestimmbaren Effekten des Emotionalen zusammenhängt. Indem sie in die Sphäre des Fühlens übersetzt werden, verlieren die normativen Vorgaben ihre eindeutigen und klar artikulierbaren Züge. Deswegen konnte sich Herr Kuhn vor Männerküssen ekeln und gleichzeitig auf andere Art und Weise intim mit Männern verkehren.

Letztlich ermöglichte sein Zurückschrecken vor dem Kuss Herrn Kuhn sogar diese anderen Formen zwischenmännlicher Intimität. Denn dies erlaubte ihm, ein heterosexuelles Selbstbild aufrechtzuerhalten und seine gleichgeschlechtlichen Neigungen zu verbergen. Dadurch vermied Herr Kuhn gefühlsmäßig das Risiko einer möglichen Entdeckung und Verurteilung. Einen ähnlichen Effekt hatte Herrn Meyers Entscheidung, als Zehnjähriger sein homoerotisches Erweckungserlebnis seinen Eltern gegenüber zu verschweigen, die er selbst als ahnungslos beschreibt[16]. Neben solchen intuitiven Strategien zur Vermeidung von Gefahren ermöglichte die Inkorporierung von Normen auch das, was mehrere Erzählpersonen als die Faszination des Unerlaubten beschreiben. Einerseits war es „peinlich [...], irgendwo mit runtergelassener Hose entdeckt zu werden", sagt Herr Weber, andererseits hatte es einen gewissen „Reiz", „was Verbotenes" zu tun[17]. Angst und Ekel waren also nicht nur gefühlsmäßige Verstärkungen der hetero-patriarchalen Norm, sondern sie konnten gleichzeitig auch dazu beitragen, sie zu unterlaufen.

[16] Herr Meyer, Int. 1, Seq. 85.
[17] Herr Weber, Int. 1, Seq. 109.

Diese Betrachtungsweise bringt die polyvalenten Sinnpotenziale des Ekels vor dem Männerkuss und der Angst vor Entdeckung in den Blick. Sie vermeidet den anachronistischen Vorwurf, die Akteure hätten sich aufgrund ihrer gefühlsmäßigen Reaktionen von einer offenen Rebellion gegen ihre Eltern oder vom provokanten Zeigen ihres gleichgeschlechtlichen Begehrens abhalten lassen. Während solche Verhaltensweisen aus heutiger Sicht wünschenswert erscheinen mögen, erlaubten es die damaligen Handlungsmuster den Einzelnen, schwerwiegende Konsequenzen zu umgehen und das Verbotene als reizvoll zu erleben. So gesehen ermöglichte die sogenannte internalisierte Homophobie den Erzählpersonen bestimmte Formen zwischenmännlicher Nähe und brachte die strikte Hierarchie ins Wanken, die die hetero-patriarchale Norm zwischen dem Richtigen und dem Falschen zog. Dieses Lavieren erlaubte es den Einzelnen nicht nur, ihre Zuneigung zu Männern in einem bestimmten Rahmen zu zeigen, sondern auch, die Muster für die Erfahrung und den Ausdruck dieser Gefühle weiterzuentwickeln. Beides trug maßgeblich dazu bei, dass nach 1970 eine allmähliche Entstigmatisierung der Homosexualitäten Platz greifen konnte.

5. Homophile Gefühlsemphase und Sexdistanz

Dimensionen dieses emotionalen Wandels lassen sich aus den zeitgenössischen Homophilen-Magazinen erschließen. Den ersten Hinweis liefert bereits das Wort homophil selbst. Als Gegenbegriff zu homosexuell betonte dieses Adjektiv, dass es in zwischenmännlichen Beziehungen nicht um das Sexuelle, sondern hauptsächlich um Gefühle gehe[18]. Indem sie damit die Makellosigkeit der Männerliebe unterstrichen, reagierten die Autoren auf die weit verbreitete pejorative Sexualisierung männerbegehrender Männer. Gleichzeitig lässt sich die homophile Gefühlsbetonung auch als Annäherung an den emotionalen Stil interpretieren, der die hegemoniale Männlichkeit der Zeit bestimmte. Denn diese, so argumentieren manche Forscherinnen und Forscher, beruhte weniger auf Gefühlskälte und Distanziertheit, als vielmehr auf dem Bild des liebevollen Ehemanns und Familienvaters[19].

---

[18] Vgl. dazu Benno Gammerl/Volker Woltersdorff, „Sie ham mir ein Gefühl geklaut..." Queer-feministische Perspektiven auf Bewegungen zwischen Sex und Gefühl, in: Freiburger Zeitschrift für GeschlechterStudien 20 (2014) H. 2, S. 27–41.
[19] Vgl. dazu Sylka Scholz, „Die Halbstarken". Re-Maskulinisierung der romantischen Liebe? Beitrag zur 7. Tagung des Arbeitskreises Interdisziplinäre Män-

Gefühle boten ein besonders vielversprechendes Feld für das Auffinden von Ähnlichkeiten zwischen gleich- und gemischtgeschlechtlichen Beziehungen, da manche Autoren zwischenmännliche Partnerschaften als ein „Treue- und Fürsorgeverhältnis analog dem einer normalen Ehe" betrachteten[20].

Mit dieser Betonung der Gefühle korrespondierte im homophilen Kontext eine Ablehnung von Prostitution und anderen gesellschaftlich stigmatisierten Formen der Sexualität. Davon waren vor allem Geschlechtergrenzen überschreitende Figuren wie die sogenannte Tunte und andere Formen männlicher Effeminiertheit betroffen[21]. Auch Beziehungsmuster, die von klaren Hierarchien und deutlichen Altersunterschieden geprägt waren, gerieten zunehmend in Misskredit, obwohl sie insbesondere im männerbündisch geprägten Homophilenmilieu – oft unter Verweis auf antike Mythen wie den Raub des Ganymed durch Zeus – lange Zeit in Ehren gehalten worden waren. Stattdessen strichen die Zeitschriften den Vorbildcharakter sogenannter Dauerfreundschaften zwischen finanziell unabhängigen, gleichermaßen maskulinen und erwachsenen Partnern immer deutlicher heraus. Diese Gleichrangigkeit schlug sich auch in den als Illustrationen veröffentlichten Paardarstellungen nieder.

6. Eine Minderheit fordert Anerkennung

Gleichzeitig mit der Durchsetzung dieses egalitären Beziehungsideals gewann auch eine Identitätspolitik an Bedeutung, die Gleichheit für eine diskriminierte Minderheit einforderte. Im Unterschied zu früheren Selbstinszenierungen männerliebender Männer als geistig-kultureller Elite rückten nun die Klage über die Benachteiligung als sexuelle Minorität und der Anspruch auf Gleichberechtigung immer stärker ins Zentrum. Dabei knüpften die homophilen Zeitschriften explizit an

---

ner- und Geschlechterforschung, Stuttgart-Hohenheim, Dezember 2011; Benno Gammerl, Schwule Gefühle? Homosexualität und emotionale Männlichkeiten zwischen 1960 und 1990 in Westdeutschland, in: Manuel Borutta/Nina Verheyen (Hrsg.), Die Präsenz der Gefühle. Männlichkeit und Emotion in der Moderne, Bielefeld 2010, S. 255–278.
[20] N.N., Dr. Th. Bovet zur Gleichgekehrtheit, in: Der Weg 11 (1961), S. 243–248, hier S. 247.
[21] Vgl. Benno Gammerl, Ist frei sein normal? Männliche Homosexualitäten seit den sechziger Jahren zwischen Emanzipation und Normalisierung, in: Peter-Paul Bänziger u.a. (Hrsg.), Sexuelle Revolution? Zur Geschichte der Sexualität im deutschsprachigen Raum seit den 1960er Jahren, Bielefeld 2015, S. 223–243, hier S. 232.

US-amerikanische Debatten und Strategien an. 1960 erschien in „Der Weg" die Übersetzung eines Aufsatzes der in Los Angeles lehrenden und forschenden Psychologin Evelyn Hooker. Darin bezeichnete die Autorin die Homosexuellen als eine „Minderheitsgruppe [...], die für ihre ‚Rechte' gegen die Vorurteile einer sie beherrschenden heterosexuellen Majorität ankämpfen" müsse, und verglich ihre Lage mit derjenigen der afro-amerikanischen Bevölkerung in den USA, die unter rassistischer Diskriminierung in ähnlicher Weise zu leiden habe[22].

Diese transatlantischen und intersektionalen Bezüge verstärkten das gesellschaftspolitische Potenzial der homophilen Forderungen nach Gleichberechtigung in der Bundesrepublik der 1960er Jahre ebenso wie die gleichzeitig zunehmende Kritik an patriarchalen Geschlechterhierarchien in heterosexuellen Beziehungen. Diese vielseitigen Verknüpfungen des homophilen Kampfs gegen die Diskriminierung sexueller Minderheiten mit dem Ringen anderer gesellschaftlicher Gruppen um Anerkennung und Gleichberechtigung entsprachen einer politischen Strategie, die sich als bürgerrechtlich charakterisieren lässt. Damit unterschieden sich die homophilen Ziele und Argumentationsmuster deutlich von denjenigen der studentisch geprägten, radikalen Schwulenbewegung, die seit den 1970er Jahren mit ihrem stolzen Bekenntnis zur sexuellen Alterität und mit ihren Forderungen nach einer grundlegenden Veränderung der gesamtgesellschaftlichen sexuellen Verhältnisse andere Wege beschritt[23]. Allerdings hielt auch die Schwulenbewegung an den bereits zuvor etablierten egalitären Beziehungsmustern und -praktiken fest. Deren Dominanz konstituiert somit eine Kontinuitätslinie, an die auch die lesbisch-schwule Bürgerrechtsbewegung anknüpfte, die in den späten 1980er Jahren ihre radikale Vorgängerin zu verdrängen begann.

Dieses langfristige Festhalten am Gleichheitsideal und die daraus resultierende weite Verbreitung des Bilds vom gleichgeschlechtlichen Paar quasi als Inbegriff der Gleichberechtigung bildeten zusammen mit der Rückkehr zur Minderheiten- und Anerkennungsrhetorik in den 1990er Jahren die entscheidenden Voraussetzungen für die erfolgreiche Durchsetzung der sogenannten Homo-Ehe im Lebenspartnerschaftsgesetz von 2001. Die Liebe zwischen Männern wurde so all-

---

[22] Evelyn Hooker, Eine Voruntersuchung homosexuellen Gruppenverhaltens, in: Der Weg 10 (1960), S. 76 ff. und S. 83 f., hier S. 76.
[23] Vgl. Andreas Pretzel/Volker Weiß (Hrsg.), Rosa Radikale. Die Schwulenbewegung der 1970er Jahre, Hamburg 2012.

mählich zu einer „Liebe wie jede andere"[24]. Diese emotionshistorische Dynamik gehört somit zu den ausschlaggebenden Dimensionen der normalisierenden Einbindung der Homosexualitäten, die deren Geschichte seit dem letzten Drittel des 20. Jahrhunderts prägt.

7. Zwischen Ausweichmanövern und Anerkennungsforderungen

Zusammenfassend kann man festhalten, dass gerade das Zusammenspiel der beiden beschriebenen Strategien im Umgang mit Diskriminierung – das doppelbödige Nebeneinander rechtschaffener Fassaden und angstbesetzt-reizvoller Normverstöße ebenso wie der homophile Kampf um die Anerkennung als gleichberechtigte Minderheit – entschieden dazu beigetragen hat, dass sich die gesellschaftliche Position der Homosexualitäten seit den späten 1960er Jahren allmählich, aber umfassend verändert hat. Ob der „Makel" der gleichgeschlechtlichen Liebe dabei gänzlich verschwunden ist, oder ob die männerliebenden Männer lediglich eine „Normalität auf Bewährung" errungen haben[25] – diese Frage lässt sich aus heutiger Perspektive (noch) nicht abschließend beantworten.

In jedem Fall zeigt die hier skizzierte Gefühlsgeschichte männlicher Homosexualitäten jedoch, dass es falsch wäre, die Jahre der frühen Bundesrepublik allein als Teil einer repressiven Vorgeschichte der erst in den 1970er Jahren einsetzenden Emanzipation von Männern mit „Makel" zu begreifen. Vielmehr boten gerade die Ambivalenzen des Emotionalen bereits in den Nachkriegsdekaden Mittel und Wege zur Umgehung und zur Verunsicherung scheinbar unverrückbarer Geschlechterordnungen und Männlichkeitsnormen. Gleichzeitig zeigt die Untersuchung der unter männerliebenden Männern gängigen emotionalen Muster und Praktiken, dass verschiedene Kontinuitätslinien die vermeintliche Zäsur um 1970 überbrücken und Verbindungen zwischen den 1960er Jahren und dem beginnenden 21. Jahrhundert stiften. Nicht zuletzt aufgrund des langfristigen Festhaltens am Ideal der gleichberechtigten Partnerschaft sind Männerpaare mittlerweile selbst auf Werbeprospekten keine Seltenheit mehr.

---

[24] Thomas Grossmann, Eine Liebe wie jede andere. Mit homosexuellen Jugendlichen leben und umgehen, Reinbek 1988.
[25] Andreas Heilmann, Normalität auf Bewährung. Outings in der Politik und die Konstruktion homosexueller Männlichkeit, Bielefeld 2011.

Stefanie Coché
Gewalt und Arbeit
Zwei Indikatoren von (devianter) Männlichkeit in der west- und ostdeutschen Nachkriegsgesellschaft

1. Grenzgänge

Im März 1962 wurde der verheiratete Karosseriebauer Hannes F. gegen seinen Willen in die Landesheilanstalt Marburg aufgenommen. Die Aufnahme in eine solche Institution war oft auch deswegen gefürchtet, weil sie zur Stigmatisierung durch das soziale Umfeld führen konnte[1]. Die Einweisung in eine psychiatrische Anstalt machte in diesem Sinn aus Hannes F. einen Mann mit „Makel". Weit weniger eindeutig als die negative soziale Zuschreibung nach einem Anstaltsaufenthalt ist der Weg in die Psychiatrie. Wie wurde deviante Männlichkeit konstruiert? Was führte zu der Aufnahme? Hannes F. wurde polizeilich eingewiesen, nachdem er in einem Tobsuchtsanfall Teile des heimischen Mobiliars zerstört und Fenster seiner Wohnung eingeschlagen hatte[2]. Als unmittelbaren Auslöser der Einweisung thematisierten Hannes F. und seine Frau den aufnehmenden Psychiatern gegenüber eben diese Gewaltausbrüche in der gemeinsamen Wohnung. In der Selbstdarstellung der Eheleute, die, wie es in den Erzählungen von Patienten und ihren Angehörigen typisch war, die Einweisung narrativ im Kontext ihres Lebens rationalisierten, war dies jedoch nur der Endpunkt einer Verkettung von Umständen. Das Ehepaar brachte den von ihnen als „Nervenzusammenbruch" bezeichneten Vorfall nämlich in zweifacher Weise in Zusammenhang mit der Arbeit des Patienten. Zum einen gab Hannes F. auf die Frage, ob und wann ihm Veränderungen

---

[1] Vgl. Cornelia Brink, Grenzen der Anstalt. Psychiatrie und Gesellschaft in Deutschland 1860–1980, Göttingen 2010, hier S. 27.
[2] Landeswohlfahrtsverband Hessen, 16, Landesheilanstalt Marburg, Patientenakte 16K14774M, Einweisungsschein der Polizeiverwaltung vom 2.3.1962; die folgenden Zitate finden sich in derselben Akte (Einträge vom 9.4. und 24.4.1962). Der Aufsatz basiert auf fast 1500 Krankenakten aus sechs psychiatrischen Einrichtungen; vgl. Stefanie Coché, Psychiatrie und Gesellschaft. Psychiatrische Einweisungspraxis im „Dritten Reich", in der Bundesrepublik und der DDR 1941–1963, Göttingen 2016. Die Zitate aus den Krankenakten enthalten zum Teil orthografische Fehler, die in der Transkription beibehalten wurden.

an sich selbst aufgefallen seien, zur Antwort, dass er schon einige Tage vor der Einweisung Schwindelgefühle bei der Arbeit gehabt und sich nicht habe konzentrieren können. Zum anderen nannten er und seine Frau als Ursache für den „Nervenzusammenbruch", dass Hannes F. in seinem Betrieb Gesetzesverstöße bekannt geworden seien und er nun in großer Sorge gewesen sei, fälschlicherweise damit in Zusammenhang gebracht zu werden. Er stellte heraus, dass er „unehrliche" Machenschaften im Betrieb aus seinem tiefsten Inneren heraus ablehne. Seine Ehefrau betonte in diesem Zusammenhang den außergewöhnlichen „geraden und ordentlichen Charakter" ihres Gatten. Die Eheleute sahen also den Ruf des Patienten als „ehrlichen Arbeiter" gefährdet.

Die Erklärungen von Hannes F. und seiner Ehefrau weisen auf zwei Faktoren hin, die die Einweisung von Männern und die Wahrnehmung und Bewertung solcher psychiatrischer Aufnahmen maßgeblich bestimmten: Gewalt und Arbeit. Dieser Beitrag widmet sich der Konstruktion von Männlichkeit in der psychiatrischen Einweisungspraxis entlang der Themen Gewalt und Arbeit zwischen 1941 und 1963. Die psychiatrische Einweisungspraxis eignet sich in besonderer Weise, um Konstruktionen von (devianter) Männlichkeit zu analysieren, da sie ein sozialer Aushandlungsprozess ist, in dem sich Erwartungshaltungen und Grenzen der Toleranz spiegeln. Da die allermeisten Einweisungen aus dem familiären und sozialen Umfeld initiiert wurden, eröffnet eine Analyse der Einweisungspraxis einen Blick auf Normalitätsregime des Alltags. Geschlechtsspezifische Selbst- und Fremdzuschreibungen sind hierbei Bestandteil fast jeder Aushandlung einer stationären psychiatrischen Aufnahme.

Im Folgenden soll gezeigt werden, dass die Konstruktion von Männlichkeit und Weiblichkeit, erstens, vor allem entlang der Linie Körperlichkeit und Gewalt verlief. Zweitens lassen sich (Selbst-)Zuschreibungen von Männlichkeit deutlich weniger, als in der Forschung angenommen wird[3], am Kriterium Leistungsfähigkeit festmachen. Darüber hinaus wird, drittens, argumentiert, dass sich Selbstzuschreibungen von Männlichkeit gerade im Bereich Arbeit und Leistung in der Bundesrepublik und in der DDR unterschieden. Um diese Thesen zu untermauern, gilt es, die Konstruktion von Männlichkeit an der Grenze zur Anstalt unter drei verschiedenen Perspektiven zu analysie-

---

[3] Vgl. Nicole Schweig, Gesundheitsverhalten von Männern. Gesundheit und Krankheit in Briefen, 1800–1950, Stuttgart 2009.

ren: männliche Selbstzuschreibung, Männlichkeitszuschreibung von Dritten (Familie, soziales Umfeld, Ärzte) und weibliche Selbstzuschreibungen. Diese Herangehensweise erlaubt es im Sinne einer mehrfach relationalen Geschlechtergeschichte[4], sowohl Erwartungsnormen an Männer und Selbstzuschreibungen von Männern zu beschreiben als auch durch den Perspektivwechsel zu fragen, inwiefern diese wirklich genderspezifisch waren. Der Schwerpunkt des Beitrags liegt auf den 1950er und 1960er Jahren – mit Rückgriffen auf die Jahre des Zweiten Weltkriegs und die Besatzungszeit, um Kontinuitäten und Brüche im geteilten Deutschland beleuchten zu können.

2. Männlichkeit und Gewalt

Kein Einweisungskriterium war schichtübergreifend in den Familien sowie bei Ärzten und gegebenenfalls der Polizei so unumstritten akzeptiert wie Akte männlicher Gewalt. Dieser Befund gilt nicht nur für die Bundesrepublik, sondern auch für das Dritte Reich und die frühe DDR. Im Sommer 1944 wurde zum Beispiel Berthold Z. auf Betreiben seiner Ehefrau in den von Bodelschwinghschen Anstalten Bethel bei Bielefeld untergebracht. Die Ehefrau des 64-Jährigen gab als Hauptargument für eine stationäre Unterbringung ihres Gatten an, dass er sie und ihre Kinder im Zuge seiner Wahnvorstellungen schlage[5]. Von anderer Seite, nämlich von Freunden des Mannes, wurde nach der Aufnahme in den von Bodelschwinghschen Anstalten angezweifelt, ob der Mann überhaupt anstaltsbedürftig sei; sie vermuteten, seine Ehefrau betreibe die Unterbringung zu Unrecht aufgrund häuslicher Streitereien. Die Betheler Ärzte sahen das nicht so, sie folgten der Gefahrenargumentation von Frau M. und diagnostizierten eine psychiatrische Erkrankung. Auch in der Extremsituation während des Zweiten Weltkriegs blieb, wie sich hier beispielhaft zeigt, häusliche Gewalt ein schlagkräftiger Einweisungsgrund. Anders als in dem zuvor beschriebenen Beispiel herrschte im sozialen Umfeld jedoch keine Einigkeit darüber, ob die psychiatrische Einweisung angebracht sei. Die Koalition

---

[4] Vgl. Jürgen Martschukat/Olaf Stieglitz, Geschichte der Männlichkeiten, Frankfurt a.M./New York 2008, S. 9f.
[5] Hauptarchiv Bethel, Patientenakten Morija I, Patientenakte 133/1918, Angaben der Ehefrau vom 25.4.1944 in Leipzig-Dösen; die folgende Darstellung nach dem Schreiben des Obermedizinalrats Dr. W. vom 26.10.1944 und dem Antwortschreiben vBS Bethel vom 25.11.1944 in derselben Patientenakte.

zwischen Verwandten des Patienten und Psychiatern, die in diesem Fall zur Aufnahme führte, ist regelmäßig zu finden. Meist handelte es sich um Ehefrauen, die sich und ihre Kinder schützen wollten.

Es lassen sich jedoch auch andere Konstellationen finden. Ein Beispiel dafür bietet die Einweisung des 71-jährigen Albin H. 1958 nach Großschweidnitz in Sachsen. Er wohnte bei seinem Sohn, der sich um eine Aufnahme bemühte, nachdem sein Vater begonnen hatte, abends durchs Haus zu wandern und andere Hausbewohner und ihn selbst körperlich anzugreifen[6]. Beide Einweisungen haben bei allen Unterschieden gemeinsam, dass für die Angehörigen die häusliche Situation ausschlaggebend war. Damit eine Einweisung sowohl vom unmittelbaren sozialen Umfeld als auch von der Polizei und den Ärzten der aufnehmenden Institution unterstützt wurde, musste es sich um häusliche Gewalt handeln, die befürchten ließ, der spätere Patient könne anderen Familienmitgliedern oder seinem sozialem Umfeld, etwa Nachbarn, bleibende oder lebensgefährliche Verletzungen zufügen. Zudem handelte es sich normalerweise um Gewalt, die auch außerhalb der Familie sichtbar beziehungsweise hörbar war. Nicht selten verständigten Nachbarn die Polizei. Gewalt in einem solchen Maß galt als deviant. Zugleich wurde physische Gewalt geringeren Ausmaßes als Mittel der Maßregelung oder Erziehung seitens des Ehemanns oder Vaters an sich als legitim erachtet[7].

Sowohl von Ärzten als auch von den Familien wurden Einweisungen als Mittel genutzt, temporär überschießender Gewalt zu begegnen. Die Einweisung diente in solchen Fällen dem Schutz der Familien. Ziel war es hingegen nicht, die Gewalttätigkeit im Einzelfall zu problematisieren oder zu therapieren. Gewalt in lebensbedrohlichem Maß wurde lediglich als Extrem einer als an sich von allen Beteiligten als normal angesehenen spezifisch männlichen Eigenschaft betrachtet. Typischerweise wurden gewalttätige Ehemänner, Väter oder Söhne bei Bedarf immer wieder eingewiesen und relativ zügig – nach etwa vier Wochen – wieder entlassen. Gewalttätigkeit wurde auch an der Schwelle zur

---

[6] Hauptstaatsarchiv Dresden, 10822, Krankenanstalten Großschweidnitz, Patientenakte 3854, Einweisungsattest vom 28.5.1958.
[7] Vgl. Peter Büchner, Vom Befehlen und Gehorchen zum Verhandeln. Entwicklungstendenzen von Verhaltensstandards und Umgangsnormen seit 1945, in: Ulf Preuss-Lausitz u.a. (Hrsg.), Kriegskinder, Konsumkinder, Krisenkinder. Zur Sozialisationsgeschichte seit dem Zweiten Weltkrieg, Weinheim/Basel ⁴2010, S. 196–212.

Anstalt weniger mit den Kategorien Krankheit und Abnormalität gefasst, als dass sie der männlichen Körperlichkeit zugehörig behandelt wurde, die letztlich temporär gebändigt werden musste. Trotzdem bemühten sich in der Regel unterschiedliche Akteure im Prozess der Einweisung, das Überschießen von Gewalt im alltäglichen sozialen Nahbereich zu rationalisieren. Seitens der Patienten und ihrer Familien erfolgte oft eine kausale Einordnung in externe Lebensumstände, ähnlich wie es Hannes F. und seine Frau taten. Psychiater hingegen führten zur Erklärung körperliche Gründe an, entsprechend der zwischen den 1940er und 1960er Jahren in der deutschen Psychiatrie fest verankerten Grundannahme, dass es sich bei psychiatrischen Leiden um somatische Erkrankungen handelte[8]. Beispiele für solche Kausalitätskonstruktionen sind die Wirkung von Alkohol, die Annahme von Gehirnverletzungen, sogenannter angeborener Schwachsinn, aber auch die Alterung des männlichen Körpers. Solche Erklärungsansätze wurden zur Rationalisierung unterschiedlicher Formen gewaltsamer Übergriffe angeführt. Neben häuslicher Gewalt galt dies vor allem für den sexuellen Missbrauch von Kindern.

Aber nicht nur im familiären Kontext stellte gewalttätiges Verhalten einen der wichtigsten Einweisungsgründe für Männer dar. Auch im öffentlichen Raum legitimierte es polizeilich initiierte Zwangseinweisungen. Männer, die in der Öffentlichkeit als gewalttätig oder zerstörerisch auffielen, konnten in der Bundesrepublik wie in der DDR zwangspsychiatrisiert werden. Berthold K. wurde etwa 1953 von der Polizei in die Krankenanstalten Rodewisch in der Nähe von Chemnitz gebracht, nachdem er ein Schaufenster eingeschlagen hatte[9].

Potenzielle Gewalttätigkeit erscheint im Rahmen der Einweisungspraxis schichtübergreifend und gleichermaßen für das NS-Regime, die DDR und die Bundesrepublik als integrativer Bestandteil von Männlichkeitskonstruktionen, zu dem sich keine Parallele in den Akten von Patientinnen findet. Gleichzeitig war männliche Gewalttätigkeit einer der wenigen Einweisungsgründe, die im Regelfall von so unterschiedlichen Parteien wie den Verwandten des Patienten, seinem unmittelbaren sozialen Umfeld, von Ärzten verschiedener Fachrich-

---

[8] Vgl. Volker Roelcke, Psychotherapy between Medicine, Psychoanalysis, and Politics: Concepts, Practices, and Institutions in Germany, c. 1945–1992, in: Medical History 48 (2004), S. 473–492, hier S. 486 f.
[9] Sächsisches Staatsarchiv Chemnitz, 32810, Krankenanstalten Rodewisch, Patientenakte 5451, Dr. K. an Vater des Patienten vom 10.12.1953.

tungen, Polizisten und Juristen als legitimer Einweisungsgrund anerkannt wurde. Auch die Einsicht von Hannes F., der den eigenen Gewaltausbruch zumindest im Nachhinein im Gespräch mit Ärzten und Familienmitgliedern als Fehler und berechtigten Einweisungsgrund anerkannte, war durchaus üblich. Dieses Verhalten lag ohne Zweifel im Interesse des Patienten. Denn dadurch erkannte er zeitgenössische Grenzen von Gewaltausübung im zivilen Raum an und ermöglichte es den Ärzten festzustellen, dass er keine anhaltende Gefahr sei. Dies war ein wichtiger Schritt, um den Anstaltsaufenthalt wieder beenden zu können. Gleichzeitig trug dieses Schuldeingeständnis dazu bei, die Ehefrau oder andere Familienmitglieder davon zu überzeugen, sich für eine zeitnahe Entlassung auszusprechen. Das Einverständnis der Familie, den Patienten wieder zu Hause aufzunehmen, beschleunigte die Entlassung deutlich. Die Patienten hatten insofern zumindest auch ein strategisches Eigeninteresse, wenn sie die Einweisungsargumentation akzeptierten.

3. Arbeit und Männlichkeit

Ganz anders und deutlich komplexer verhält es sich mit Zusammenhängen von Arbeits- beziehungsweise Leistungsfähigkeit und Männlichkeit. Wie bereits erwähnt, spielte es eine wichtige Rolle für das Bewusstsein der eigenen Krankheit, wenn man ein Nachlassen der Leistungsfähigkeit feststellte. Dies galt jedoch nicht nur für Männer. Sowohl in der Kriegszeit als auch nach Gründung der Bundesrepublik gaben die Patientinnen und Patienten – sofern sie sich selbst als krank betrachteten – fast immer an, dass ihnen ihre eigene Krankheit auch daran aufgefallen sei, dass sie in der Ausübung ihrer Arbeit beeinträchtigt seien. Zahlreiche Symptome wurden von Menschen mit unterschiedlichen Erkrankungen in Verbindung mit ihrer Leistungsfähigkeit gebracht; dazu gehörten Mangel an Konzentrationsfähigkeit, Schlappheit, Stimmenhören oder Angstzustände, die von der Arbeit abhielten. Häufig wurde auch die fehlende Arbeitsmotivation oder Freude an der Arbeit als Zeichen gewertet, dass etwas nicht in Ordnung sei. In den Selbstbeschreibungen der Patienten wurde dies oft mit den Worten beschrieben, die Arbeit sei nur noch „mechanisch" erledigt worden[10].

---

[10] Hauptarchiv Bethel, Patientenakten Morija I, vBS Bethel, Patientenakte 2818, Eintrag vom 26.7.1951.

Wie zahlreiche Krankenakten zeigen, stellten nicht nur erwerbsfähige Männer einen direkten Zusammenhang zwischen Gesundheit und Arbeitsfähigkeit her. Beispielsweise drängte die Patientin Lisa B. 1943 hartnäckig auf Aufnahme nach Bethel bei Bielefeld, obwohl ihr Hausarzt die Einweisung für nicht unbedingt nötig hielt. In der Anamnese zur Frage, warum sie nach Bethel kommen wolle, gab sie Folgendes an:

„Vor innerer Unruhe, bzw. innerlichem Vibrieren meine sie immer, sie werde mit ihrer Arbeit nicht fertig. Ihren Haushalt habe sie aber bis zuletzt immer besorgen können. Ihre Schwiegermutter hätte deswegen gemeint, so schlimm könne es doch mit ihr nicht sein. Sie selbst fühle sich ständig bedrückt und mache sich Sorgen um ihren Zustand."[11]

In Bethel wurde ihr eine leichte Depression diagnostiziert. Den Indikator Arbeitsfähigkeit als Gradmesser für Gesundheit verwendeten beide Frauen, die Patientin und ihre Schwiegermutter.

Dieser Befund stellt bisherige medizingeschichtliche Ergebnisse zu spezifisch männlichen Gesundheitsvorstellungen in Frage. Die medizingeschichtliche Studie von Nicole Schweig zum Gesundheitsverhalten von Männern interpretiert die Verbindung von Arbeitsfähigkeit mit Gesundheit für die erste Hälfte des 20. Jahrhunderts als spezifisch männliches Gesundheitsverhalten[12]. In dem Sample meiner Studie finden sich hingegen zahlreiche weitere Beispiele, in denen auch Frauen eine solche Verbindung zogen. Vor dem Hintergrund einer „Taylorisierung der Hausfrau" seit dem Ersten Weltkrieg erscheint dieser Befund eher folgerichtig als überraschend. Über die aus den USA übernommene „Hauswirtschaftswissenschaft" galten Leistung und Zeitersparnis im Haushalt als erstrebenswerte Ziele[13]. Zwar wurden die Ziele der neuen „Hauswirtschaftswissenschaft" nicht alle erreicht. Als wesentlicher Punkt im Hinblick auf die Bedeutung von Arbeit für ein gesundes Selbst lässt sich aber festhalten, dass die Rolle der Hausfrau nun ganz anders gedacht und dass diese neue Vorstellung mehrheitlich positiv

---

[11] Hauptarchiv Bethel, Patientenakten Mahanaim I, vBS Bethel, Patientenakte 1875.
[12] Schweig, Gesundheitsverhalten, S. 117.
[13] Vgl. hierzu und zum Folgenden Peter Borscheid, Die „taylorisierte" Hausfrau. Zu den Auswirkungen der Rationalisierungsbewegung auf den Privathaushalt der 20er Jahre, in: Hans-Jürgen Gerhard (Hrsg.), Struktur und Dimension. Festschrift für Karl Heinrich Kaufhold zum 65. Geburtstag, Bd. 2: Neunzehntes und Zwanzigstes Jahrhundert, Stuttgart 1997, S. 477–484, hier vor allem S. 483f.

aufgenommen wurde: Man unterwarf häusliche Arbeit zunehmend ähnlichen Parametern wie Erwerbsarbeit, nämlich Effizienz und Leistung. Die Befunde von Peter Borscheid zur „taylorisierten Hausfrau" sind auch im Kontext psychiatrischer Einweisung erklärend: So passt es in das von ihm entworfene Bild der Hausfrau, dass Hausfrauen ihre Gesundheit über ihre Leistung in der Hausarbeit bewerteten. Die Aufwertung häuslicher Tätigkeiten für das Selbstbild von Frauen dürfte im Dritten Reich noch durch die „rassistisch grundierte Förderung von Hausarbeit und Mutterschaft" verstärkt worden sein, die zu Anerkennung und einer sozialen Aufwertung auch im öffentlichen Raum führte[14]. Neuere Forschungen zur Rolle der Frauen im Nationalsozialismus betonen überdies, dass Erwerbstätigkeit das Alltagsleben vieler Frauen weitaus stärker bestimmte als der propagandistische Mutterkult. Insbesondere durch die Totalisierung des Kriegs löste sich die „Trennung in männliche und weibliche Sphären [...] zunehmend" auf. Ein gewisser Angleichungstrend von weiblichen und männlichen Arbeitswelten erklärt also, dass Frauen wie Männer Leistungsabfall und Arbeitsunfähigkeit als Anzeichen für eine psychische Erkrankung werteten.

Die Selbstzuschreibung von Frauen und die Zuschreibung Dritter unterschied sich jedoch zum Teil in der Einweisungspraxis. Ehemänner etwa akzeptierten und unterstützten die Diagnose von „Überarbeitung" ihrer Ehefrauen, sofern es um Erwerbsarbeit ging, nicht jedoch im Kontext von Hausarbeit. In der Selbstzuschreibung der Patientinnen und Patienten sind jedoch im Dritten Reich und in der Bundesrepublik keine schicht- und genderspezifischen Unterschiede im Arbeits- und Leistungsdenken festzustellen.

Vergleicht man Indikatoren von Krankheit und Gesundheit aber systemspezifisch, finden sich Differenzen zwischen Bundesrepublik und DDR. In der DDR führten gerade Männer den in Westdeutschland weiterhin allgegenwärtigen Konnex zwischen einem gesunden Selbst und der eigenen Arbeitsfähigkeit kaum mehr an. Dagegen spielte der Arbeitsplatz beziehungsweise der Betrieb eine ungleich größere Rolle im Einweisungsprozess. Im Gegensatz zum Dritten Reich und zur Bundesrepublik gab es in der DDR Einweisungen durch den Betriebsarzt und

---

[14] Sybille Steinbacher, Differenz der Geschlechter? Chancen und Schranken für die „Volksgenossinnen", in: Frank Bajohr/Michael Wildt (Hrsg.), Volksgemeinschaft. Neue Forschungen zur Gesellschaft des Nationalsozialismus, Frankfurt a.M. 2009, S. 94–104, hier S. 97; das folgende Zitat findet sich ebenda, S. 98f.

Aufnahmen unmittelbar vom Arbeitsplatz in Begleitung von Arbeitskollegen. Obwohl dem Arbeitsumfeld und dem Betrieb insbesondere bei der Einweisung von Männern (da diese weiterhin die Mehrzahl der Erwerbstätigen ausmachten) eine vergleichsweise große Bedeutung zukam, tauchte seit dem Beginn der 1950er Jahre die Zuschreibung von Krankheit durch Einschränkungen in der Arbeitsfähigkeit nur noch sehr selten im Zusammenhang mit männlicher Erwerbsarbeit auf. Stattdessen machten erwerbstätige Männer Krankheit vermehrt an anderen Dingen fest, die im Dritten Reich und der Bundesrepublik neben dem Argument Arbeit ebenfalls regelmäßig auftauchten: zum Beispiel an Schlafstörungen, Appetitlosigkeit oder der familiären Situation. Hausfrauen hingegen gaben weiterhin regelmäßig an, dass sich ihre Erkrankung vor allem an einem Nachlassen ihrer Leistungsfähigkeit bemerkbar mache; sie hofften, gesund zu werden, um ihren täglichen Aufgaben wieder nachgehen zu können. Immer wieder verknüpften Frauen in der DDR ihr „Versagen" im Haushalt mit psychischen Zusammenbrüchen bis hin zum Suizidversuch. Die Hausfrau Regina M. zum Beispiel wurde 1954 in die Universitäts- und Nervenklinik Greifswald aufgenommen und gab laut der Anamnese an, sie schaffe es schon länger nicht mehr, ihren Haushalt zu besorgen und sich um ihr Kind zu kümmern, da sie deprimiert sei. Sie spitzte diese Kausalitätskonstruktion folgendermaßen zu: „Weil ich mit meiner Arbeit nicht fertig wurde, habe ich versucht die Pulsadern aufzuschneiden."[15]

Anders als in der NS-Zeit war die Erwähnung von Arbeit jenseits der häuslichen Sphäre jedoch deutlich seltener und kam häufiger nur bei bestimmten Berufen und Lebenssituationen vor. Nicht ungewöhnlich war die Selbstzuschreibung von „Überarbeitung" im direkten Zusammenhang mit den Aufstiegschancen, die die Neuordnungen in der Sowjetischen Besatzungszone (SBZ) und der frühen DDR boten. Während sich „Überarbeitung" in den Betrieben zumindest nicht in den Patientenakten niederschlug, wurde sie von „Neubauern" Ende der 1940er Jahre und von politischen Aufsteigern genannt. Die Tatsache, dass diese Gruppen negative Konsequenzen ihrer Arbeit thematisierten, zeigt, dass „Überarbeitung" nicht allein deshalb in den anderen Patientenakten keine Erwähnung fand, weil darüber nicht gesprochen werden konnte. Ein Beispiel für übermäßige Belastung ist Ferdinand H., der 1955

---

[15] Universitätsarchiv Greifswald, Psychiatrische und Nervenklinik Greifswald, Patientenakte 1954/1345, Eintrag vom 6.7.1954.

aufgrund eines „völligen Erschöpfungszustand[s] durch politische Arbeit" in Greifswald aufgenommen wurde. Neben seinem eigentlichen Beruf als Handelsvertreter war H. Dozent an der Kreisparteischule und nahm überdies noch an politischen Schulungen teil. Diese sehr zeitintensiven Nebentätigkeiten wurden von ihm sowie von den Ärzten als Ursache seiner Beschwerden betrachtet[16].

Beides, Überarbeitung bei „Neubauern" und bei politischem Engagement, passt ins Bild der bisherigen Forschung. Sie hat gezeigt, dass viele der „Neubauern" ihr Land sehr schnell wieder aufgaben, weil Material oder Nutzvieh fehlte oder weil es Schwierigkeiten infolge unzureichender landwirtschaftlicher Kenntnisse gab[17]. Untersuchungen zu den Kadern haben ergeben, dass diese unter ständigem Druck standen, sich zeitintensiv weiterzubilden[18]. Vor diesem Hintergrund ist es wenig überraschend, dass genau diese beiden Gruppen über psychische Belastung durch die Arbeit klagten. Das bedeutet jedoch für die politischen Aufsteiger nicht, dass sie sich über die Arbeit an sich beklagt hätten. Ferdinand H. etwa wollte nicht gerne weniger arbeiten, sondern wünschte, dass es ihm schnell besser gehe und er seine zahlreichen Aktivitäten wieder aufnehmen könne[19]. Die Haltung der politischen Aufsteiger kann mit dem von Jochen Hellbeck für die Sowjetunion anhand von autobiografischen Zeugnissen herausgearbeiteten Konzept des sozialistischen Selbst gefasst werden[20]. Hellbeck argumentiert, dass das sowjetische Selbst in Kontinuität zu Selbstbildern des 19. Jahrhunderts darauf abhob, das Leben des Einzelnen einem übergeordneten Ziel unterzuordnen. Im sowjetischen Selbst blieb so der missionarische Anspruch des 19. Jahrhunderts enthalten;

---

[16] Universitätsarchiv Greifswald, Psychiatrische und Nervenklinik Greifswald, Patientenakte 1955/1087, Eintrag vom 12.12.1955.
[17] Vgl. Arndt Bauerkämper, Von der Bodenreform zur Kollektivierung. Zum Wandel der ländlichen Gesellschaft in der Sowjetischen Besatzungszone Deutschlands und DDR 1945–1952, in: Hartmut Kaelble/Jürgen Kocka/Hartmut Zwahr (Hrsg.), Sozialgeschichte der DDR, Stuttgart 1994, S. 119–143, hier S. 124 ff.
[18] Vgl. Hartmut Zimmermann, Überlegungen zur Geschichte der Kader und der Kaderpolitik in der SBZ/DDR, in: Kaelble/Kocka/Zwahr (Hrsg.), Sozialgeschichte der DDR, S. 322–356, hier S. 335.
[19] Universitätsarchiv Greifswald, Psychiatrische und Nervenklinik Greifswald, Patientenakte 1955/1087, Eintrag vom 12.12.1955.
[20] Vgl. Jochen Hellbeck, Introduction, in: ders./Klaus Heller (Hrsg.), Autobiographische Praktiken in Russland. Autobiographical Practices in Russia, Göttingen 2004, S. 11–25.

das höhere Ziel war nun die Errichtung einer kommunistischen Gesellschaftsordnung[21].

4. Das gesunde Selbst in Ost- und Westdeutschland

Selbstzuschreibungen von Gesundheit und Krankheit in der Nachkriegszeit unterschieden sich in Ost und West also deutlich voneinander. Ohne Berücksichtigung der Befunde zur DDR könnte man meinen, dass es sich bei der Bedeutung von Arbeit für Vorstellungen eines gesunden Selbst um eine Grundgegebenheit der modernen industrialisierten und zunehmend rationalisierten Arbeitswelt handele. Hierzu ist zu bemerken, dass Vorstellungen von Arbeit schon im 19. Jahrhundert das Selbstverständnis der Menschen erheblich beeinflussten[22]. Dieser Ansatz erweist sich jedoch für die Erklärung der hier dargelegten Befunde als nicht schlüssig. Es handelt sich bei den beschriebenen Verknüpfungen von Arbeit, Leistung und Gesundheit nicht um eine in einem Zeitraum von mehreren Generationen verfestigte Arbeits- und Leistungsmentalität und noch weniger um eine spezifisch männliche. Mentalitäten gelten in der Forschung als dem individuellen Bewusstsein vorgeschaltete „kollektive Denkmuster und Bewusstseinsformen"[23]. Da Mentalitäten sich nur langsam verändern[24], spricht der Wegfall der Arbeitsargumentation in der DDR für die Annahme, dass sich in der NS-Zeit oder bereits zuvor eine Leistungsmentalität herausgebildet hatte. Der Befund für die DDR weist darauf hin, dass äußere Umstände gravierenden Einfluss auf die Vorstellung vom gesunden Selbst als arbeitsam und leistungsbereit hatten. Solche äußeren Ein-

---

[21] Vgl. Jochen Hellbeck, Russian Autobiographical Practice, in: Hellbeck/Heller (Hrsg.), Autobiographische Praktiken, S. 279–299.

[22] Vgl. etwa Jürgen Kocka, Mehr Last als Lust. Arbeit und Arbeitsgesellschaft in der europäischen Geschichte, in: Jahrbuch für Wirtschaftsgeschichte 2 (2005), S. 185–206; Susanne Hoffmann, Gesunder Alltag im 20. Jahrhundert? Geschlechterspezifische Diskurse und gesundheitsrelevante Verhaltensstile in deutschsprachigen Ländern, Stuttgart 2010, S. 249 ff.

[23] Ulrike Jureit, Motive, Mentalitäten, Handlungsspielräume. Theoretische Anmerkungen zu Handlungsoptionen von Soldaten, in: Christian Hartmann/Johannes Hürter/Ulrike Jureit (Hrsg.), Verbrechen der Wehrmacht. Bilanz einer Debatte, München 2005, S. 163–170, hier S. 167.

[24] Vgl. Peter Schöttler, Mentalitäten, Ideologien, Diskurse. Zur sozialgeschichtlichen Thematisierung der „dritten Ebene", in: Alf Lüdtke (Hrsg.), Alltagsgeschichte. Zur Rekonstruktion historischer Erfahrungen und Lebensweisen, Frankfurt a.M./New York 1989, S. 85–136.

flüsse lassen sich plausibel präzisieren: Die unmittelbaren Umstände des Arbeitslebens können die Unterschiede zwischen der DDR und der Bundesrepublik erklären. Ich vertrete die These, dass es sich bei Vorstellungen vom gesunden Selbst um eine – nicht unbedingt reflektierte – Verinnerlichung und Rationalisierung von Lebensumständen handelt.

Deutlich für die Relevanz alltäglicher Lebens- und Arbeitsumstände spricht, dass sich in den Patientenakten der DDR trotz des massiven propagandistischen Aufgebots zur Identifizierung mit einer sozialistischen Leistungsgesellschaft kaum Bezüge zur Arbeit finden. Der Befund, dass die Arbeitnehmer in der DDR den Zusammenhang zwischen Arbeitsfähigkeit und Gesundheit zumindest in den hier analysierten Krankenakten kaum mehr herstellten, stützt die These, dass die Rolle, die Arbeit in der Sinnwelt des einzelnen Menschen spielte, stark mit den konkreteren äußeren Umständen zusammenhing. Denn diese begrenzten, welche Rolle Erwerbsarbeit für die Konstruktion des eigenen Selbst überhaupt spielen konnte. In der DDR wandelten sich die Arbeitsumstände sehr schnell[25]. Die Arbeitsabläufe änderten sich durch die Einführung der Planwirtschaft und der Arbeitsplatzgarantie. Die eigentlich zur Leistungssteigerung eingeführten Normquoten wurden von den Arbeitern problemlos künstlich niedrig gehalten. Außerdem gab es als Folge der Planwirtschaft vermehrt Pausen im Betriebsablauf und „unter den weichen Budgetzwängen, die für realsozialistische Betriebe typisch waren", wurden Arbeitskräfte auch dort gehortet, „wo sie nicht ständig gebraucht wurden"[26]. Mehr Geld zu verdienen, führte zudem durch das begrenzte Warenangebot nicht unmittelbar zu einer Verbesserung des Lebensstandards. Gleichzeitig war es vielen Leuten aus politischen Gründen nicht mehr möglich, die Karrieren zu verfolgen, die sie anstrebten. Damit wurde die tatsächliche Ausführung der Arbeit in der DDR für die Vorstellung des Selbst weniger wichtig.

Auch der Befund, dass Patienten in spezifisch abgrenzbaren Berufs- oder Arbeitssituationen – im Kontext von sozialem und politischem Ab- oder Aufstieg oder als „Neubauern" – weiterhin Arbeit themati-

---

[25] Bereits 1949 unterschied sich die SBZ hier deutlich von den anderen Zonen; vgl. Mary Fulbrook, Ein ganz normales Leben. Alltag und Gesellschaft in der DDR, Darmstadt 2008, hier S. 50.
[26] Vgl. etwa Martin Kohli, Die DDR als Arbeitsgesellschaft? Arbeit, Lebenslauf und soziale Differenzierung, in: Kaelble/Kocka/Zwahr (Hrsg.), Sozialgeschichte der DDR, S. 31–61, hier S. 41.

sierten, lässt sich am schlüssigsten durch eine hohe Wertung der unmittelbaren Lebensumstände und Sinnwelten erklären. Trotz der propagandistischen Aufwertung von Arbeit in der DDR taugte Leistungsfähigkeit in der Erwerbsarbeit im offiziellen Arbeiterstaat für viele Leute so paradoxerweise nicht mehr als Kriterium von Gesundheit. Das politisch-ökonomische System hatte hier gänzlich unintendierte Nebenwirkungen für die Vorstellung vom gesunden Selbst vieler Bürger. Dieser Befund bestätigt und vertieft die in der Forschung mehrfach gemachte Feststellung, dass die „Zentralität der Arbeitsbeziehungen" in der DDR nicht mit einer besonderen Bedeutung der Arbeit an sich für den Arbeiter einherging[27]. Die Randständigkeit von Arbeitsfähigkeit und Leistungsvermögen bei der Beurteilung der eigenen Gesundheit, die aus den Patientenakten aus Greifswald, Rodewisch und Großschweidnitz hervorgeht, vertieft diesen Befund noch einmal. Er zeigt, dass die andere Bewertung der Erwerbsarbeit auch Auswirkungen auf grundlegende Vorstellungen von der eigenen Identität hatte, und streicht heraus, wie sehr Konstruktionen von Identität von handfesten äußeren politischen und ökonomischen Bedingungen abhängen können und wie schnell wandelbar sie unter Umständen waren.

Das Arbeits- und Leistungsdenken war Teil individueller Sinnwelten[28], die nur bei regelmäßiger Aktualisierung ihre Relevanz behielten. Genderspezifische Gemeinsamkeiten und Unterschiede, die sich in meiner Arbeit in der Konstruktion eines gesunden Selbst zeigen, verweisen darauf, dass unter Berücksichtigung beider deutscher Nachkriegsstaaten Verbindungen von Arbeitsthemen und Gesundheit keinesfalls ausschließlich männlich konnotiert waren. Zuschreibungen spezifisch männlicher Körperlichkeit wiesen im Vergleich über den doppelten Systembruch 1945/1949 hinweg deutlich größere Kontinuitäten auf.

---

[27] Ebenda, S. 50. Zu theoretisch-methodischen Fragen im Zusammenwirken von Diskursen und Erfahrungen speziell im Bezug auf Männlichkeiten vgl. Martschukat/Stieglitz, Männlichkeiten, S. 163.
[28] Ich verwende den Begriff Sinnwelt entsprechend seiner Konzeptionalisierung in der Alltagsgeschichte; vgl. Alf Lüdtke, Einleitung: Was ist und wer treibt Alltagsgeschichte?, in: ders. (Hrsg.), Alltagsgeschichte, S. 9–47.

Friederike Brühöfener
Soldaten mit „Makel"?
Männlichkeit und Gesellschaft im Spiegel westdeutscher Debatten über junge Soldaten in den Anfangsjahren der Bundeswehr

1. Neue Soldaten braucht das Land

Im September 1961 veröffentlichte das Bundesministerium der Verteidigung, oder besser: der Führungsstab der Bundeswehr, die Broschüre „Schwierige junge Soldaten. Hinweise zum Erkennen und Erziehen". Die schmale Schrift mit ihren 38 Seiten war als Handreichung gedacht, die militärischen Vorgesetzten den Umgang mit und die Erziehung von „Sorgenkindern" erleichtern sollte. Zu den „Sorgenkindern", die nach Auffassung der Mitarbeiter des Verteidigungsministeriums besonderer Aufmerksamkeit bedurften, gehörten vor allem „Störer aus Protest", „Versager aus Willensschwäche", „,eingebildete' Kranke" und „Selbstmörder aus Schwermut"[1]. Die Broschüre sollte Kommandeuren und Truppenführern nicht nur dabei helfen, „einsichts- und wirkungsvoll" auf die dienstlichen Fehlleistungen dieser Soldaten mit „Makel' zu reagieren, sondern es ihnen auch erlauben, etwaigen Entgleisungen und Problemen vorzubeugen. Auch wenn das Verteidigungsministerium in der Bundeswehr keine „Erziehungseinrichtung im Sinne angewandter Psychologie" sah, unterlagen doch alle Vorgesetzten der Pflicht, sich einzelner Soldaten und besonders der „schwierigen Soldaten" im Rahmen der militärischen Grenzen von „Befehl und Gehorsam" anzunehmen[2].

Als Heft 7 gehörte „Schwierige junge Soldaten" zu den Publikationen, die in den späten 1950er und frühen 1960er Jahren in der Sparte

---

[1] Schwierige junge Soldaten. Hinweise zum Erkennen und Erziehen, hrsg. vom Bundesministerium der Verteidigung, Bonn 1961, hier S. 4ff. Vgl. dazu auch Kai Uwe Bormann, Als „Schule der Nation" überfordert. Konzeptionelle Überlegungen zur Erziehung des Soldaten in der Aufbauphase der Bundeswehr, in: Karl-Heinz Lutz/Martin Rink/Marcus von Salisch (Hrsg.), Reform, Reorganisation, Transformation. Zum Wandel in deutschen Streitkräften von den preußischen Heeresreformen bis zur Transformation der Bundeswehr, München 2010, S. 345–368.
[2] Schwierige junge Soldaten, S. 8 und S. 32.

DOI 10.1515/9783110454802-010

„Erziehung" der Schriftenreihe „Innere Führung" veröffentlicht wurden und die sich explizit mit der „persönlichen Eigenart, der Erziehung und der bisherigen Umwelt" von jungen Bundeswehrsoldaten auseinandersetzen[3]. Neben „Schwierige junge Soldaten" erschienen beispielsweise 1957 „Die Ersten Stunden" und ein Jahr später „Der Junge Soldat 1957". Neben dem „Handbuch Innere Führung. Hilfen zur Klärung der Begriffe" von 1957 erlauben diese Druckschriften einen Einblick in die Führungs- und Erziehungsideale der Bundeswehr, die in den 1950er Jahren entwickelt wurden. Militärhistorische Studien, die diese Zeit in den Blick nehmen, haben sich ausgiebig mit der Entwicklung eines neuen Führungskonzepts und eines neuen Soldatenideals beschäftigt. Dreh- und Angelpunkt der heftig umstrittenen Inneren Führung, deren Inhalte maßgeblich von Wolf Graf von Baudissin geprägt wurden, bildete die Idee vom (Staats-)Bürger in Uniform, mit der versucht werden sollte, die Rechte und Pflichten des Soldaten mit denen des politisch aktiven Staatsbürgers zu vereinen[4].

Die Ausarbeitung der Inneren Führung und die Skizzierung eines neuen Soldatenbilds, das sich von seinen Vorgängern unterscheiden sollte, warf ferner die Frage auf, ob die Bundeswehr auch die Rolle einer „Schule der Nation" mit entsprechendem Erziehungsauftrag übernehmen sollte. Diese Frage sorgte nicht nur in den Büros des Verteidigungsministeriums für intensive Diskussionen. Sie beschäftigte auch eine breite Öffentlichkeit, die Vertreter der Regierungsparteien und der Opposition, führende Mitglieder der evangelischen und katholischen Kirchen, Sozialarbeiter, Wissenschaftler sowie Weltkriegsveteranen und besorgte Eltern mit einschloss. Angesichts des Aufbaus der Bundeswehr und insbesondere der Einführung der allgemeinen Wehrpflicht für Männer Mitte der 1950er Jahre diskutierten zahlreiche Bundesbürger zunächst, ob sich der Wehrdienst positiv oder negativ auf junge Männer auswirken werde[5]. Mit Blick auf die männliche

---

[3] Der junge Soldat 1957. Bericht und Auswertung, hrsg. vom Bundesministerium der Verteidigung, Bonn 1958, S. 3.
[4] Vgl. beispielsweise die Beiträge in: Rudolf J. Schlaffer/Wolfgang Schmidt (Hrsg.), Wolf Graf von Baudissin 1907–1993. Modernisierer zwischen totalitärer Herrschaft und freiheitlicher Ordnung, München 2007.
[5] Vgl. Ute Frevert, Die kasernierte Nation. Militärdienst und Zivilgesellschaft in Deutschland, München 2001; Klaus-Jürgen Bremm, Wehrhaft wider Willen? Die Debatte um die Bewaffnung Westdeutschlands in den fünfziger Jahren, in: Hans-Hubertus Mack/Martin Rink/Klaus-Jürgen Bremm (Hrsg.), Entschieden für Frieden. 50 Jahre Bundeswehr 1955 bis 2005, Freiburg 2005, S. 283–297.

Nachkriegsjugend debattierten Zeitgenossen zudem darüber, ob junge Männer überhaupt fähig und willens seien, in der Bundeswehr Dienst zu tun[6]. Die Einführung der allgemeinen Wehrpflicht, die den Dienst von Frauen insbesondere an der Waffe ausschloss, führte somit zu einer intensiven Auseinandersetzung mit dem sozialen Umfeld und Verhalten sowie der moralischen Einstellung junger westdeutscher Männer[7]. Das gesamtgesellschaftliche Unterfangen, den idealtypischen beziehungsweise makellosen jungen Bundeswehrsoldaten – sowohl den Wehrpflichtigen als auch den Freiwilligen – zu kreieren, beinhaltete damit auch den Versuch, männliche Eigenschaften zu definieren, die der Bundeswehr nutzten und zugleich von der westdeutschen Zivilgesellschaft akzeptiert wurden.

Im folgenden Aufsatz werden diese Auseinandersetzungen anhand einer Analyse von „Schwierige junge Soldaten" und weiteren Publikationen in der Schriftenreihe „Innere Führung" nachgezeichnet. Diese Broschüren reflektieren die gesamtgesellschaftliche Auseinandersetzung mit der Situation und die Sorge um das Verhalten junger Männer[8]. Dabei greife ich methodisch auf die Arbeiten der Historikerin Joan W. Scott und der Soziologin Raewyen Connell zurück. Scotts Argument, dass *gender* – das soziale Geschlecht einer Person – nicht an *sex* – das biologische Geschlecht – gekoppelt ist, sondern dass beide das Resultat eines kulturellen, diskursiven Konstruktionsprozesses sind, fordert dazu auf, auch Männlichkeit als Produkt von Sprache – von Diskussionen, Debatten, Erinnerungen, Wahrnehmungen und Repräsentationen – zu verstehen[9]. Ferner haben die Studien von Raewyn Connell gezeigt, dass westliche Gesellschaften eine Vielzahl

---

[6] Vgl. Uta G. Poiger, Krise der Männlichkeit. Remaskulinisierung in beiden deutschen Nachkriegsgesellschaften, in: Klaus Naumann (Hrsg.), Nachkrieg in Deutschland, Hamburg 2001, S. 227–263; Michael Geyer, Der Kalte Krieg, die Deutschen und die Angst. Die westdeutsche Opposition gegen Wiederbewaffnung und Kernwaffen, in: ebenda, S. 267–318.
[7] Vgl. Friederike Brühöfener, Sending Young Men to the Barracks. West Germany's Struggle over the Establishment of New Armed Forces in the 1950s, in: Karen Hagemann/Sonya Michel (Hrsg.), Gender and the Long Postwar: The United States and the Two Germanys, 1945–1989, Washington 2014, S. 145–164.
[8] Vgl. Kai Uwe Bormann, Die Erziehung des Soldaten: Herzstück der Inneren Führung, in: Schlaffer/Schmidt (Hrsg.), Wolf Graf von Baudissin, S. 111–125.
[9] Vgl. Joan W. Scott, Gender. A Useful Category of Historical Analysis, in: AHR 91 (1986), S. 1053–1075; Joan W. Scott, Unanswered Questions, in: AHR 113 (2008), S. 1422–1429.

von Männlichkeitskonzepten produzieren, die hierarchisch angeordnet und miteinander verbunden sind. An der Spitze dieser Hierarchie steht laut Connell ein dominantes Männlichkeitsideal. Diese hegemoniale Männlichkeit nimmt gegenüber untergeordneten marginalisierten oder komplizenhaften Männlichkeiten eine bestimmende Position ein, die aber auch „jederzeit in Frage gestellt werden kann"[10]. Dieses relationale, dynamische Verständnis von Männlichkeit erlaubt es Idealvorstellungen und negative Gegenentwürfe nachzuzeichnen. Eine kritische, Joan W. Scotts Ansatz folgende Analyse dieser Männlichkeiten lässt dann auch Rückschlüsse auf gesellschaftliche Normen und Werte zu.

Für das vorliegende Thema bedeutet dies, dass nicht nur die Diskussionen um die Bundeswehr als „Schule der Nation", sondern auch die in der Erziehung gewidmeten Ausgaben der Schriftenreihe „Innere Führung" thematisierten Männlichkeitsbilder eine Reflexion zeitgenössischer Ideale und Wertvorstellungen darstellen. Darüber hinaus lassen sich diese Publikationen wie das „Handbuch Innere Führung" als eine Reaktion auf gesamtgesellschaftliche Diskurse verstehen. Im Folgenden wird also nicht nur nach Soldaten und Männern mit „Makel" gefragt. Vielmehr geht es auch um den Zustand der frühen Bundesrepublik, die in den vielen zeitgenössischen Dokumenten ganz sicher nicht als makellos erschien.

Um diese geschlechtergeschichtliche Analyse zu leisten, gehe ich zunächst kurz auf den historischen Kontext der Schriftenreihe ein und diskutiere die Entwicklung des Bürgers in Uniform und der Inneren Führung. Daran schließt sich eine Analyse beispielhaft einiger Hauptthemen an, die in „Schwierige junge Soldaten" und anderen Druckschriften aufgegriffen wurden. Am Ende steht die Untersuchung der zivilgesellschaftlichen Diskussionen um die Bundeswehr als „Schule der Nation", um zu zeigen, inwieweit die Inhalte der Schriftenreihe gleichzeitig als Spiegelbild und Reaktion auf den zeitgenössischen Diskurs verstanden werden können.

---

[10] Raewyn Connell, Der gemachte Mann. Konstruktion und Krise von Männlichkeiten, Wiesbaden 4., durchgesehene und erweiterte Aufl. 2015, S. 130.

2. Das Bild des „schwierigen" jungen Mannes in Uniform in der Schriftenreihe „Innere Führung"

Der Aufbau westdeutscher Truppen in den 1950er Jahren stellte sowohl auf nationaler als auch auf internationaler Ebene ein schwieriges Unterfangen dar. Hatten sich die Westmächte nach kontrovers geführten Verhandlungen zunächst auf den Aufbau einer Europäischen Verteidigungsgemeinschaft (EVG) mit deutscher Beteiligung geeinigt, so beendete das *non!* des französischen Parlaments im August 1954 diese Pläne. Das Scheitern des EVG-Projekts führte umgehend zu der Entscheidung, die Bundesrepublik in die NATO zu integrieren und in diesem Rahmen den Aufbau einer nationalen westdeutschen Streitmacht beziehungsweise Verteidigungsmacht zu fördern. Auf nationaler Ebene führte die von Kanzler Konrad Adenauer forcierte Wiederbewaffnung der Bundesrepublik nicht nur zu langen und hitzigen Debatten im Bundestag. Unter Verwendung des Slogans „Ohne mich!" wandten sich Mitglieder der Friedensbewegung, der Gewerkschaften, der Jugendbewegung, der Kirchen und der intellektuellen Linken gegen den Aufbau westdeutscher Streitkräfte, da sie eine Verschärfung des Ost-West-Konflikts fürchteten. Allen Schwierigkeiten und hitzigen Debatten zum Trotz zogen 1956 und 1957 die ersten Freiwilligen und Wehrpflichtigen in die Kasernen ein.

Begleitet wurden die Verhandlungen von intensiven Arbeiten zunächst im Amt Blank, dem Vorläufer des Bundesverteidigungsministeriums. Sie zielten darauf ab, ein neues Soldatenideal zu schaffen; der Mann im Wehrdienst sollte nicht nur ein „vollwertiger Soldat", sondern ein „freier Mensch" und „guter Staatsbürger" sein[11]. Um dieses moderne Soldatenideal Realität werden zu lassen, bedurfte es der Einführung neuer militärischer Führungs-, Bildungs-, und Erziehungsansätze.

Die Innere Führung hatte viele Väter, federführend war aber Wolf Graf von Baudissin, der im November 1955 die Leitung der Unterabteilung Innere Führung im Verteidigungsministerium übernahm[12].

---

[11] Der Bundestagsausschuss für Verteidigung: Der Ausschuss für Fragen der europäischen Sicherheit, Januar 1953 bis Juli 1954, hrsg. von Bruno Thoß, Düsseldorf 2010, S. 405–434 (Protokoll der 34. Sitzung am 10.6.1953), hier S. 414 (Adolf Heusinger).

[12] Vgl. Rudolf J. Schlaffer, Die Innere Führung: Wolf Graf von Baudissins Anspruch und Wahrnehmung der Wirklichkeit, in: Schlaffer/Schmidt (Hrsg.), Wolf Graf von Baudissin, S. 139–149.

Baudissin und seine Mitstreiter, die ihre Vorstellungen gegen eine Vielzahl von Widersachern auch in der Bundeswehr verteidigen mussten, argumentierten, dass die neuen Streitkräfte aus Soldaten bestehen müssten, die als „freie und selbstbewusste Mensch[en]" ihre militärische Pflichten und Aufgaben erfüllten[13]. Ferner dürften diese Soldaten ihren Dienst nicht abseits des demokratischen Rechtsstaats ausüben. Vielmehr sollten sie politisch und kulturell in die bundesdeutsche Gesellschaft integriert sein. Um diese Ziele zu erreichen, waren militärische Vorgesetzte vonnöten, die auf einen universellen Herrschaftsanspruch und Kasernenhofdrill verzichteten. Stattdessen sollten sie mit gutem Beispiel vorangehen und auf ihre Untergebenen nur indirekt erzieherisch einwirken.

Da diese Ideale hohe Ansprüche stellten und für viele militärische Vorgesetzte pädagogisches Neuland bedeuteten, produzierte das Bundesverteidigungsministerium in Zusammenarbeit mit Soziologen, Psychologen und Pädagogen – unter anderem Curt Werner von Bondy und Alexander Mitscherlich – eine Vielzahl von Publikationen, um Truppenführern und Kommandeuren die Arbeit zu erleichtern[14]. Dazu zählten eben auch Veröffentlichungen in der Schriftenreihe „Innere Führung". Damit die militärischen Vorgesetzten ihren Führungs- und Erziehungsaufgaben „einsichts- und wirkungsvoll" nachkommen konnten, zielten die Broschüren zur Erziehung und auch das „Handbuch Innere Führung" unter anderem darauf ab, den militärischen Vorgesetzten sowohl die Lebenssituation und den „Charakter" als auch die Gefährdungen der männlichen Jugend nahezubringen.

Zentral erschien den Autoren dabei die familiäre Situation junger Männer. In diesem Sinne stellte das „Handbuch Innere Führung" fest, dass nach 1945 mit dem Zusammenbruch der Erwachsenenwelt auch „die Welt des Kindes aus den Fugen geraten" war[15]. Als besonders problematisch wurde in diesem Zusammenhang die Abwesenheit von Familienvätern gewertet: drei Millionen Mütter in der Bundesrepublik hätten keinen Ehemann, Millionen von Erwachsenen lebten „in

---

[13] Zit. nach Martin Rink, Die Bundeswehr 1950/55–1989, Berlin/Boston 2015, S. 88; vgl. auch Brühöfener, Young Men, S. 153–154.
[14] Baudissin Dokumentationszentrum, Ordner 1968/68, 14, Interview mit Wolf Graf von Baudissin vom 6.11.1968.
[15] Handbuch Innere Führung. Hilfe zur Klärung der Begriffe, hrsg. vom Bundesministerium für Verteidigung, Bonn ²1960, S. 101; vgl. dazu auch Bormann, Schule, S. 362f.

geschiedener Ehe" und viele Kinder sähen ihre Väter nur an Wochenenden, kritisierte das „Handbuch". Die Autoren der Schriftenreihe führten die „zerrütteten" Familiensituationen nicht nur auf die Folgen des Zweiten Weltkriegs und der unmittelbaren Nachkriegszeit zurück. Die problematische Abwesenheit der Väter sahen sie auch den „Lebensformen des Industriezeitalters" geschuldet[16]. Da die Industrialisierung des modernen Arbeitslebens zur Trennung von Familienhaushalt und Arbeitsplatz geführt habe, fiel nach Ansicht der Autoren von „Die Ersten Stunden" der „Vater als Erziehungsfaktor" weg. Wegen der temporären Unsichtbarkeit der Väter fehle jungen Männern nicht nur die Person, die in der Familie Disziplin durchzusetzen vermochte, sondern auch ein wichtiges „Leistungsvorbild".

Anstatt dem väterlichen Vorbild von „menschlicher und sittlicher Lebens- und Arbeitsbewältigung" nachzueifern, wandten sich junge Männer ihren Müttern zu. „Es ist oft rührend zu sehen", konstatierten die Verfasser von „Die Ersten Stunden", wie sich „kleine Buben [...] an der Hausarbeit ihrer Mutter orientieren und damit eigentlich die Kindheit kleiner Mädchen leben". Das Fehlen eines „rechten Familienlebens"[17] führe somit zu einer Aufhebung traditioneller Geschlechterrollen. Auch wenn die Mutter als zunächst „wichtigste[r] Partner" des Kindes verstanden wurde, so konnte demzufolge eine zu starke Mutter-Kind-Bindung zu einer problematischen Verweiblichung junger Männer führen[18]. Anstatt sich an der väterlichen Rolle des Mannes zu orientieren, die Autorität, Leistung und außerhäuslichen Broterwerb beinhaltete, seien für viele junge Männer ihre Mütter und somit Häuslichkeit, pflegerische Aufgaben und Mutterliebe maßgebend geworden.

Neben der Absenz des Vaters stellte aber auch die fehlende Mutter ein Problem dar. Während die einschlägigen Nummern der Schriftenreihe vor den Folgen – „Mißtrauen" und „Ablehnung" – einer „lieblosen Mutter" warnten, kritisierten sie auch die Tatsache, dass zahlreiche Mütter in der Bundesrepublik einer außerhäuslichen Erwerbstätigkeit nachgingen. Das gleichzeitige Fehlen der bäuerlichen „Großfamilie" mit Großeltern, „unverheiratete[n] Tanten, Schwieger-

---

[16] Die Ersten Stunden. Hinweise für den Umgang mit Rekruten in den ersten Tagen, hrsg. vom Bundesministerium für Verteidigung, Bonn 1957, S. 26; die folgenden Zitate finden sich ebenda.
[17] Handbuch Innere Führung, S. 101.
[18] Schwierige junge Soldaten, S. 9.

töchtern[n]" oder „Mägden" führe dazu, dass viele Kinder in Kindergärten oder „sich selbst überlassen, auf der Straße" auf der Straße aufwüchsen. Dies stellte für die Autoren von „Die Ersten Stunden" ein Problem dar, weil jungen Männern die für ihre „innere Gesundheit" wichtige weibliche „Geborgenheit und Mutterliebe" fehle. Zusammen mit der Abwesenheit des Vaters folge aus der ungenügenden Anwesenheit der Mutter, dass viele junge Männer nicht die familiäre „Nestwärme" erhielten, die grundlegend für eine gesunde Kindesentwicklung sei. Stattdessen sei das Leben vieler Kinder von „Verlassenheit, Einsamkeit und Ungeborgenheit" geprägt[19]. Die Erosion klar verteilter Geschlechterrollen wurde von den Machern der Schriftenreihe „Innere Führung" als problematisch wahrgenommen, da es hier nicht nur um den Wiederaufbau geordneter Familienverhältnisse, sondern auch um das Funktionieren der Streitkräfte und somit um die nationale Verteidigung ging.

Lieblose beziehungsweise abwesende Mütter sowie unsichtbare Väter stellten jedoch für die Autoren der Schriftenreihe nur eine prekäre Lebenssituation dar, deren Bedeutung militärische Vorgesetzte erkennen mussten, um das Verhalten ihrer jungen Untergebenen verstehen und einordnen zu können. Laut „Schwierige junge Soldaten" und „Die Ersten Stunden" war die geistige und emotionale Orientierungslosigkeit der männlichen westdeutschen Jugend besonders heikel, da sie einherging mit einem beschleunigten körperlichen Reifungsprozess und einer „Entwicklungsverfrühung". Zwar sei der „heutige Jugendliche" schlau und von rascher Auffassungsgabe, konstatierten die Autoren, im Bereich der Urteilsfähigkeit, der Gewissensbildung und Eigenständigkeit sei er jedoch „zurückgeblieben"[20]. Für Kommandeure und Truppenführer konnte diese Diskrepanz zwischen der körperlichen und seelischen Entwicklung ihrer Untergebenen von Bedeutung sein, da sich laut „Schwierige junge Soldaten" „[m]ännlich aussehende Jugendliche" zuweilen „seelisch wie Kinder" benahmen. Konnte die „kindliche" Haltung von jungen Männern in der militärischen Gemeinschaft ein Problem darstellen, so führte sie auch außerhalb des Kasernentors zu „ungewöhnlichen" Handlungen und kriminellem Ver-

---

[19] Die Ersten Stunden, S. 27.
[20] Schwierige junge Soldaten, S. 11; Die Ersten Stunden, S. 28; Der junge Soldat 1957, S. 4.

halten, wie das „Halbstarkenproblem" verdeutlichte[21]. Junge Männer, die von der körperlich-seelischen Fehlentwicklung betroffen waren, so argumentierten die Autoren von „Der junge Soldat", würden oftmals nicht mit den sich „andrängenden sexuellen Kräften" fertig. Daher, so wurden die Leser ermahnt, dürfe es nicht verwunden, dass manche junge Männer zu früh sexuell aktiv waren, sich bei der „Auswahl der Partnerin" wenig anspruchsvoll zeigten und in seltenen Fällen zu sexuellen Straftaten neigten[22].

Auch wenn das Gros der jungen Männer, die in den Anfangsjahren der Bundeswehr Uniform trugen, als „einordnungsbereit", „kameradschaftlich", „unbekümmert" und „aufgeschlossen" charakterisiert wurde, so war es der Schriftenreihe „Innere Führung" und dem „Handbuch Innere Führung" zufolge dennoch möglich, dass militärische Vorgesetzte auf junge Wehrpflichtige und Freiwillige trafen, deren soziales und sexuelles Verhalten weder den Ansprüchen des Militärs noch der westdeutschen Gesellschaft gerecht wurde. Die Handbücher und Broschüren propagierten somit ein Männlichkeitsideal, das im konservativen Diskurs der Bundesrepublik weit verbreitet war. Zentrales Element dieser Männlichkeitsvorstellung bildete die traditionelle patriarchalische Familie – mit dem Mann als hart arbeitendem und leistungsstarken Ernährer als Vorstand.

3. Die Bundeswehr als Schule für Männer mit „Makel"?

Auf Grund ihrer Thematik spiegeln die Broschüren zur Erziehung und das „Handbuch Innere Führung" nicht nur die Vorstellungen der Wissenschaftler und Mitarbeiter des Verteidigungsministeriums wider, die an der Produktion der Schriftenreihe „Innere Führung" beteiligt waren. Sie sind ferner Teil verschiedener zeitgenössischer Diskurse. Die hitzige nationale Auseinandersetzung um den Aufbau der Bundeswehr und die Einführung der allgemeinen Wehrpflicht für Männer war, wie eingangs erwähnt, auch von der Frage geprägt, ob die Bundeswehr als „Schule der Nation" und als eine Schule der Männlichkeit fungie-

---

[21] Schwierige Junge Soldaten, S. 13. Als „Halbstarke" wurden in den 1950er Jahren Jugendliche – vor allem junge Männer – bezeichnet, die von der sozialen Norm abweichendes Verhalten zeigten. Vgl. Sebastian Kurme, Halbstarke. Jugendprotest in den 1950er Jahren in Deutschland und den USA, Frankfurt a.M./New York 2006, S. 178–185.
[22] Der junge Soldat 1957, S. 35f.

ren sollte. Sollten die jungen Männer, die in der Bundeswehr ihren Wehrdienst ableisteten, nur an der Waffe ausgebildet werden, um ihr Vaterland tapfer zu verteidigen, oder sollten sie vor allem positive Eigenschaften wie Disziplin, Anstand und Benehmen eingebläut bekommen[23]? Wie die kritischen Studien von Ute Frevert, Michael Geyer und Kai Uwe Bormann gezeigt haben, beantwortete eine beachtliche Anzahl an Bundesbürgern zumindest den zweiten Teil dieser Frage mit Ja[24]. Vor allem in den Anfängen der Wiederbewaffnungsdebatte schrieben ältere Männer, die in den Weltkriegen als Offiziere gedient hatten, aber auch jüngere Männer, Mütter und Vertreter der Regierungsparteien dem Militär eine besondere, positive Erziehungsfunktion zu. Zahlreiche Meinungsumfragen, Presseartikel und Briefe, die engagierte Bundesbürger an das Amt Blank beziehungsweise an das Verteidigungsministerium schickten, zeugen von der Vorstellung, dass junge Männer beim Militär etwas fürs Leben lernten[25]. In einigen berufstätigen Müttern weckte die Einführung der Wehrpflicht auch die Hoffnung, dass der Militärdienst – der nach Aussage einer Arbeiterin im mittleren Alter ja „noch keinem geschadet" habe[26] – aus „missraten[en]" Söhnen „anständige und disziplinierte Männer machen würde[27]. Das Militär wurde somit als Produzent einer „makellosen" Männlichkeit verstanden, die in der Kaserne und vor dem Kasernentor positiv konnotiert und anerkannt war.

Auch wenn zahlreiche Frauen und Männer an der Überzeugung festhielten, dass sich der Dienst in den Streitkräften günstig auf das Verhalten junger Männer auswirken würde, war diese Meinung mit-

---

[23] Beispielsweise Archiv der Evangelischen Akademie Bad Boll, Akten der Abteilung für Soldatenfragen, 1950–1971, Nr. 39: Erziehung zum Staatsbürger 19.–22. Mai 1959, Protokoll der Tagung „Erziehung zum Staatsbürger in Schule und Bundeswehr". Vgl. dazu auch Bormann, Schule, S. 362.
[24] Vgl. Frevert, Kasernierte Nation; Bormann, Schule; Geyer, Kalter Krieg.
[25] NARA, RG 306/a1-1005, German Attitudes Towards an Army and Military Training; Alicia Witthauer an den Westdeutschen Rundfunk, zit. nach Sören Philipps, Die Frage der Wiederbewaffnung im Hörfunkprogramm des Nordwestdeutschen und Süddeutschen Rundfunks von 1949 bis 1955/56, Berlin 2004, S. 335.
[26] BArch Koblenz, B 145/4221, Institut für Demoskopie, Allensbach, Die Stimmung im Bundesgebiet. Umfrage zur Wiederbewaffnung: Freiwillig – Wehrpflicht?, Oktober 1951, S. 5.
[27] BArch-MA, N 717/3, Tagebucheintrag von Wolf Graf von Baudissin vom 6. 8. 1956.

nichten konsensfähig. Die historische Forschung hat darauf hingewiesen, dass Weltkriegsveteranen, die ihren eigenen Militär- und Kriegsdienst kritisch beäugten, besorgte Mütter und Väter, engagierte Christen, Aktivisten der Friedensbewegung und Mitglieder der Arbeiter- und Jugendbewegung angesichts der jüngsten Vergangenheit die positive Wirkung des Militärdiensts in Frage stellten. Stattdessen warnten sie vor dem Wiederaufleben von „Kadavergehorsam" und „alte[m] Kasernenhofdrill", der schlussendlich den Charakter und die „Manneswürde" eines jeden Soldaten zerstöre[28].

Diese Sorgen, die sich in zahlreichen Meinungsumfragen und Briefen an Politiker widerspiegeln, wurden auch von der regierungskritischen Presse aufgegriffen. 1957 veröffentlichte kommunistische „Deutschen Volkszeitung" beispielsweise eine abgewandelte Fassung der Ballade „Die Legende vom toten Soldaten", die Berthold Brecht bereits am Ende des Ersten Weltkriegs verfasst hatte. Ziel der Zeitungsredaktion war es, ihre Leserschaft daran zu erinnern, dass Militärdienst nicht zur charakterlichen Festigung von missratenen Söhnen, sondern zu „Zucht", „Schmerz" und „Tod" führe[29]. In diesen Kommentaren, die die Praktiken früherer Armeen und das Grauen der Weltkriege in den Vordergrund rückten, erschien Militärdienst als eine Gefahr für positive, gesellschaftlich anerkannte männliche Identitäten und Verhaltensweisen.

Daneben klang in dieser Diskussion um die Methoden und Auswirken von Militär- und Kriegsdienst eine weitere zeitgenössische Sorge an: Die angeblich „missratene[n] Söhne" oder auch „Bengels"[30] stellten nicht nur für ihre oftmals alleinstehenden Mütter ein Problem dar. Uta Poiger und Sebastian Krume haben gezeigt, dass die Adenauer-Ära geprägt war von einer regen Diskussion über männliches Fehlverhalten. In den Fokus der Öffentlichkeit rückte insbesondere das Verhalten der sogenannten Halbstarken, die in Lederjacken, mit Elvis-Tolle und auf Mopeds westdeutsche Straßen unsicher machten. Diese jungen Männer und ihre Begleiterinnen wurden von konservativen Kritikern

[28] Vgl. Bormann, Schule, S. 345–355; Brühöfener, Young Men, S. 151.
[29] Vgl. Deutsche Volkszeitung vom 27. 4. 1957: „Moritat vom toten Soldaten. Variiert und mit einer Zeitungsnotiz im Vorwort und einer Moral im Nachwort versehen".
[30] BArch Koblenz, B 145/4221, Institut für Demoskopie, Allensbach, Die Stimmung im Bundesgebiet. Umfrage zur Wiederbewaffnung: Freiwillig – Wehrpflicht?, Oktober 1951, S. 5.

nicht nur als Bedrohung für die soziale Stabilität der Bundesrepublik, sondern auch Gefahr für die Schlagkraft der Bundeswehr gesehen. Während einige ranghohe Militärs und Politiker jungen westdeutschen Männern einen fehlenden „Wehrwillen" attestierten, befürchteten andere, dass schwierige junge Männer nicht in das Bild vom neuen Staatsbürger in Uniform passen würden, der seinen Dienst nicht übermäßig aggressiv, sondern „ernsthaft" und „zuverlässig" ausführe[31].

Der Fokus auf die Situation der männlichen Jugend und ihr Verhältnis zum Militärdienst war zudem eng verknüpft mit der öffentlich geführten Diskussion über Sexualität. Wie Sybille Steinbacher und Elizabeth Heinemann gezeigt haben, waren die 1950er Jahre auch geprägt von der Suche nach einer neuen Normalität, die auch als normal wahrgenommenes Sexualverhalten mit einschloss[32]. In diesem Rahmen debattierten Bundesbürger nicht nur über ein Verbot von „Schmutz- und Schundliteratur", sondern auch über Prostitution, außerehelichen Geschlechtsverkehr und das sexuelle Verhalten junger Männer in Uniform. Die Vorstellung, dass randalierende, aggressive und zügellose junge Männer als Wehrpflichtige oder gar Freiwillige Eingang in die Bundeswehr finden würden, beunruhigte vor allem Zeitgenossen, die argumentierten, dass der Militärdienst zu einer „Verwilderung" und „Verrohung" von Umgangsformen führen könnte[33]. Repräsentanten der katholischen und evangelischen Kirche warnten wie Vertreter von Jugendpflege- und Fürsorgeeinrichtungen mit Blick auf die in Westdeutschland stationierten amerikanischen Streitkräfte, dass junge Männer während ihrer Wehrdienstzeit erst recht Zugang zu Bordellen und Prostituierten sowie fragwürdigen Tanzlokalen und Kneipen bekämen[34]. Darüber hinaus veranlasste die Sorge vor „sexuellen Ausschweifungen" Bürgermeister, Ratsherren und Geistliche aus (zukünftigen) Garnisonsstädten dazu, sich an Mitglieder des Bundes-

---

[31] Poiger, Krise der Männlichkeit, S. 236; vgl. auch Kurme, Halbstarke, S. 178–185.
[32] Vgl. Sybille Steinbacher, Wie der Sex nach Deutschland kam. Der Kampf um Sittlichkeit und Anstand in der frühen Bundesrepublik, München 2011; Elizabeth Heineman, Before Porn Was Legal. The Erotica Empire of Beate Uhse, Chicago/London 2011; Brühöfener, Young Men, S. 153.
[33] Friederike Brühöfener, Sex and the Soldier. The Discourse about the Moral Conduct of Bundeswehr Soldiers and Officers during the Adenauer Era, in: CEH 48 (2015), S. 523–540; vgl auch Brühöfener, Young Men, S. 155.
[34] Vgl. Wolfgang Schmidt, Integration und Wandel. Die Infrastruktur der Streitkräfte als Faktor sozioökonomischer Modernisierung in der Bundesrepublik 1955 bis 1975, München 2006, S. 97 f. und S. 391.

tags und des Verteidigungsministeriums zu wenden, um davor zu warnen, dass ein Überschuss von Soldaten unter anderem zu einem Zustrom von Prostituierten führen werde[35].

Diese Diskussion um das als destruktiv wahrgenommene sexuelle und soziale Verhalten junger Männer war, ebenso wie in den Broschüren der Schriftenreihe „Innere Führung" zu Erziehungsfragen, eng verknüpft mit einer weiteren wichtigen gesamtgesellschaftlichen Diskussion. Die 1950er und frühen 1960er Jahre waren auch geprägt von einem regen Interesse am Wohlbefinden bundesdeutscher Familien und an der familiären Rollenverteilung von Frauen und Männern. Im Zentrum dieses Interesses standen die zahlreichen „unvollständigen" und „zerrütteten" Familien, die viele Zeitgenossen als Folgen des Zweiten Weltkriegs verstanden. Zum einen waren zahllose Männer nicht mehr zu ihren Familien zurückgehrt, zum anderen überstanden viele Ehen die dauerhafte Trennung während der Kriegsjahre sowie die divergierenden Kriegs- und Nachkriegserfahrungen nicht[36].

Für Bundesbürger, die an einem Familienideal festhielten, in dem der Mann die Rolle des Ernährers und die Frau die Rolle der Hausfrau und Erzieherin der Kinder übernahm, stellte der „Frauenüberschuss" der Nachkriegszeit und die Teilhabe von Frauen am Berufsleben ein zusätzliches Problem dar. Kritiker befürchteten, die Bundesrepublik wandle sich zu einer Gesellschaft, in der Väter und mit ihnen die patriarchale Autorität an Bedeutung verlieren würden. Zum Symbol dieser Ängste wurde vor allem die von Alexander Mitscherlich verfasste Studie „Auf dem Weg zur vaterlosen Gesellschaft", die 1963 erschien. Mitscherlich, der sich bereits in den späten 1940er und frühen 1950er Jahren mit der Person des „entmündigten" und „verschwundenen" Vaters auseinandergesetzt hatte, argumentierte, dass die abnehmende Autorität bundesdeutscher Väter dazu beitrage, dass Jugendliche orientierungslos und ohne „Halt" aufwüchsen[37]. Angesichts des

---

[35] Vgl. Brühöfener, Sex and the Soldier.
[36] Vgl. Robert G. Moeller, Protecting Motherhood. Women and the Family in the Politics of Postwar West Germany, Berkeley/Los Angeles 1993, S. 3 und S. 76ff.; Christiane Kuller, Familienpolitik im föderativen Sozialstaat. Die Formierung eines Politikfeldes in der Bundesrepublik 1949–1975, München 2004, S. 288f.
[37] Alexander Mitscherlich, Auf dem Weg zur vaterlosen Gesellschaft. Ideen zur Sozialpsychologie, München 1963; vgl. Robert G. Moeller, War Stories. The Search for a Usable Past in the Federal Republic of Germany, Berkeley/Los Angeles 2003, S. 118f.

sogenannten Halbstarkenproblems beinhaltete diese Orientierungs- und Haltlosigkeit anscheinend auch ungezügeltes Sozial- und Sexualverhalten, das nicht nur dem Führungsstab der Bundeswehr, sondern auch einer breiten Öffentlichkeit Sorge und Kopfzerbrechen bereitete.

4. Schluss

Wer war denn nun mit einem „Makel" behaftet? Waren es die jungen Männer, die als Wehrpflichtige und Offiziere in den Anfangsjahren der Bundeswehr ihren Dienst leisteten? Oder war das Problem doch woanders zu suchen? Das „Handbuch" und die einzelnen Nummern der Schriftenreihe „Innere Führung" porträtierten soldatische „Sorgenkinder", die unter anderem wegen ihrer schwierigen Kindheit zu untauglichem und ungebührlichem Verhalten neigten. Ausgangspunkt der Auseinandersetzung mit den „schwierigen jungen Soldaten" bildeten vor allem die als „zerrüttet" wahrgenommenen Familien- und Geschlechterverhältnisse in der noch jungen Bundesrepublik. Die zumeist temporäre „Abwesenheit" beider Elternteile und der Niedergang patriarchalischer Autorität erschienen als ein Hauptgrund für das Fehlverhalten junger Männer innerhalb und außerhalb der Kasernen. Im Gegensatz zu Vorstellungen, dass das Militär auch eine gute Erziehungsinstitution sei, wurde in den öffentlichen Debatten der 1950er Jahre der Wehrdienst wegen seines möglicherweise schädlichen Einflusses auf das Verhalten junger Männer kritisch hinterfragt. Dies zeigt, dass der „Makel" nicht nur an den jungen Bundeswehrsoldaten haftete.

Während die Diskussionen um den Mann in Bundeswehruniform somit Einblicke in den sozialen und moralischen Selbstfindungsprozess der Bundesrepublik erlauben, verdeutlichen sie auch die Vielzahl von Männlichkeitsbildern, die in den 1950er Jahren diskutiert wurden. Das als hegemonial verstandene Ideal des sich kümmernden und zugleich leistungsstarken Familienvaters beziehungsweise -ernährers, das alle jungen männlichen Bundesbürger anstreben sollten, kam vor allem in Abgrenzung zu anderen untergeordneten, marginalisierten Männlichkeitsentwürfen zum Tragen. Die von den Eltern vernachlässigten oder vom Krieg zu Halbwaisen gemachten Jungen, die wilden, randalierenden „Halbstarken" oder die trinklustigen Bordellbesucher erschienen im moralischen Diskurs der jungen Bundesrepublik als negatives Gegenbeispiel. Ihre Verhaltens- und Denkweisen galten als grundsätzlich unangemessen für Männer in Zivil und Uniform. Die Adenauer-Ära war somit eine Zeit, in der verschiedene Männlichkeitsentwürfe kontrovers diskutiert wurden.

Sicherlich erlaubt diese Diskursanalyse keine Rückschlüsse auf die praktische Durchsetzung der Ideale. Es bliebe beispielsweise zu fragen, ob und in welchem Ausmaß sie im bei der Truppe zum Tragen kamen. Akzeptierten und praktizierten Kommandeure diese Ideale und versuchten sie, ihren Untergebenen die damit verbundenen Denk- und Verhaltensweisen nahezubringen? Wie wurden die moralischen Postulate von den jungen Wehrpflichtigen und Freiwilligen wahr- und angenommen? Diese Fragen und damit weiterführende Analysen von Diskurs und Praxis sind durchaus von Bedeutung. Eine umfassende Erforschung der sozialen Konstruktion von Soldaten- und Männlichkeitsbildern in der frühen Bundesrepublik kann unter anderem helfen, die Frage zu beantworten, wie Westdeutschland es schaffte, sich zu einer stabilen Demokratie zu entwickeln.

Till van Rahden
Sanfte Vaterschaft und Demokratie in der frühen Bundesrepublik

1. Vergessene Helden

Für die Geschichte der Väterlichkeit im Nachkriegsdeutschland ist die Szene emblematisch. In seinem Film „A Foreign Affair" von 1948 blickte der jüdische Emigrant und amerikanische Regisseur Billy Wilder auf das mühsame Geschäft der demokratischen Umerziehung. Zusammen mit seinem Sohn Gerhard muss Herr Maier vor John Pringle erscheinen, einem amerikanischen Captain, dessen Aufgabe es ist, den Deutschen den Nationalsozialismus auszutreiben. „I really don't think it's a good idea", wendet sich Pringle an den Vater, „that your son should draw swastikas all over the neighbourhood." Daraufhin entspinnt sich der folgende Dialog:

„Maier: ‚Gerhard. Gib die Kreide her', während er seinem Sohn auf den Arm schlägt: ‚I will break his arm.'
Pringle: ‚Herr Maier, we've dissolved the Gestapo.'
Maier: ‚No food, Bürschchen. I will lock him into a dark room.'
Pringle: ‚Why not just shove him in a gas chamber?'
Maier: „Yes, Herr Kapitän.'
Pringle: ‚Listen, Pap, we've done away with concentration camps. Now you just take him round to a GYA one of our German youth clubs. Some baseball and a little less heel-clicking is what he needs. Here's the address. Ask for Sergeant Breen.'
Maier: ‚Yes, Herr Kapitän.' Und schlägt die Hacken zusammen.
Pringle: ‚Ah, ah...'
Maier: „I mean, thank you Herr Kapitän.'
Pringle: ‚Auf Wiedersehen.'
Maier: ‚Come Bürschchen.'"

Mit seinem Sohn verlässt Maier das Büro der amerikanischen Besatzungsbehörde. Als er sich umdreht und den Rücken der Kamera zuwendet, sieht der Zuschauer, dass Gerhard ihm ein Hakenkreuz auf den Rücken gezeichnet hat[1].

Die Komödie, die Billy Wilder im zerstörten Berlin drehte, spiegelte in der Trümmerlandschaft die moralische Verwüstung der politischen

---

[1] A Foreign Affair. USA 1948. Regie: Billy Wilder, 40:52–41:40; vgl. David Bathrick, Billy Wilder's Cold War Berlin, in: New German Critique 37 (2010) H. 2,

DOI 10.1515/9783110454802-011

Kultur. Wilder richtete den Blick des Zuschauers auf das Nachleben des Nationalsozialismus im Erziehungsstil des Vaters. Der Weg aus der Gewaltgeschichte von Vernichtungskrieg und Völkermord heraus führte über die Umwertung der Figur des Vaters und ein Misstrauen gegenüber der väterlichen Autorität. Die Frage, welche Form der väterlichen Autorität im Schatten des Nationalsozialismus noch möglich und wünschenswert sei, begleitete die Geschichte der Bundesrepublik bis in die späten 1970er Jahre. Aus dem strengen Herrn Vater wurde nur langsam ein liebevoller Papa. Noch das Idealbild einer geglückten Männlichkeit enthält Spuren des Wissens, wie fragwürdig, fragil und widersprüchlich Männlichkeitsideale in der Nachkriegszeit waren. Und das gilt besonders für den größten männlichen Helden der frühen Bundesrepublik: den Vati.

2. Väterliche Autorität und die Suche nach Demokratie im Schatten der Gewalt

Zu den heißen Eisen des Jahres 1964 zählten für die katholische Monatsschrift „Der Männer-Seelsorger" nicht nur die Themen „NSDAP – nicht gefragt" oder „Juden – unerwünscht", sondern auch die „Halbschwachen Väter". Die dritte Formulierung bezog sich auf das bekannte Bild vom halbstarken Jugendlichen. Zugleich verwies sie auf eine der Obsessionen der frühen Bundesrepublik, nämlich die Frage, welche Form der Autorität nach der Katastrophe des Nationalsozialismus und des Vernichtungskriegs noch möglich und wünschenswert sei[2]. Zum einen fand in der Debatte über die „vaterlose Gesellschaft" auch die Sorge über eine in Bewegung geratene Ordnung der Geschlechter ihren Ausdruck. Zum anderen war die Sehnsucht nach neuen Formen der

---

S. 31–47. Für die finanzielle Unterstützung bzw. ein anregendes Arbeitsumfeld danke ich der Alexander von Humboldt-Stiftung, der Fritz-Thyssen-Stiftung, dem Canada Research Chair Program, dem Institut für die Wissenschaften vom Menschen, Wien, dem Morphomata-Kolleg, Köln, und dem Forschungskolleg Humanwissenschaften, Bad Homburg.

[2] Alois Stiefvater, Der interessante Vortrag, in: Der Männer-Seelsorger 14 (1964), S. 204f.; Wilhelm Bitter (Hrsg.), Vorträge über das Vaterproblem in Psychotherapie, Religion und Gesellschaft. 3. Arbeitstagung der Gemeinschaft „Arzt und Seelsorger", Stuttgart 1954; Paul Wilhelm Wenger, Vaterlose Gesellschaft, in: Rheinischer Merkur vom 7.8.1959, S. 1f.; Alexander Mitscherlich, Der unsichtbare Vater. Ein Problem für Psychoanalyse und Soziologie, in: KZfSS 7 (1955), S. 188–201.

Vaterschaft ein aufschlussreicher Aspekt der westdeutschen Suche nach Demokratie in den 1950er und 1960er Jahren.

Über die Erfolgsgeschichte der westeuropäischen Nachkriegsdemokratien darf nicht in Vergessenheit geraten, dass das Wohl eines demokratischen Gemeinwesens nicht allein von institutionellen und ökonomischen Rahmenbedingungen abhängt, sondern auch davon, ob sich eine demokratische Lebensform entwickeln kann, die auch in Zeiten der Krise die Legitimität der demokratischen Ordnung sichert. Gerade wenn man die deutsche Nachkriegsgeschichte als eine Epoche nach dem „Zivilisationsbruch" begreift, stellt sich die Frage, wie sich im Schatten der Gewalt eine demokratische Gesellschaft herausbilden konnte. Gängige Deutungen der Bundesrepublik suchen die Liberalisierung des politischen Gemeinwesens vor allem als ein Nebenprodukt des Wirtschaftswunders und der Westbindung zu erklären[3]. Dagegen soll hier der Blick primär darauf gerichtet werden, wie sich die Nachkriegsdeutschen auf die Suche nach einer demokratischen Lebensform machten.

Vor diesem Hintergrund erweist es sich für die Geschichte der Bundesrepublik als aufschlussreich, dass das Ideal des patriarchalen Vaters seit den 1950er Jahren als fragwürdig galt. Gut eine Dekade vor 1968 begannen Frauen und Männer, neue Formen der sanften Männlichkeit zu entwickeln, die sie auf die Formel der „demokratischen Vaterschaft" brachten[4]. Damit meinten die Zeitgenossen eine sanftere und gefühlsbetonte Form der Männlichkeit, die sie als Voraussetzung einer demokratischen Gesellschaft verstanden. In der Rede über den „demokratischen Vater" suchten die Westdeutschen nach einem Lebensgefühl, das es ihnen erlaubte, die Bundesrepublik nicht nur als Schicksal, sondern als Chance zu begreifen, mit der „Demokratie als Lebensform" zu experimentieren.

Um diese These auszuführen, sollen vor allem zwei Fragen verfolgt werden: Wie definierten die Westdeutschen in den ersten beiden Nachkriegsdekaden die Rolle des Vaters in der Familie und welche politische Bedeutung maßen sie der Frage der väterlichen Autorität bei? Die folgenden Antworten auf diese Fragen stützen sich dabei vor allem auf

---

[3] Ulrich Herbert (Hrsg.), Wandlungsprozesse in Westdeutschland. Belastung, Integration, Liberalisierung 1945–1980, Göttingen 2002; Konrad Jarausch, Die Umkehr. Deutsche Wandlungen 1945–1995, München 2004.
[4] Heinrich Ostermann SJ, Wandlungen in der Männerseelsorge, in: Der Männer-Seelsorger 13 (1963), S. 131–137, hier S. 132.

Publikationen und Autoren im Umfeld der katholischen und protestantischen Kirche. Gerade eine Analyse des konservativeren, mit den Unionsparteien verbundenen Spektrums der Öffentlichkeit bietet einen Hinweis darauf, wie umfassend sich das vorherrschende Ideal der väterlichen Autorität in den 1950er und frühen 1960er Jahren veränderte.

Dass die Nachkriegszeit auch eine Epoche der „Rechristianisierung" war, schlug sich in der Bedeutung der konfessionellen Publizistik nieder. Die Bedeutung dieser religiösen Semantik gilt es ernst zu nehmen, wenn man verstehen will, wie die Westdeutschen nach der Gewalterfahrung der 1930er und 1940er Jahre begannen, nach einer demokratischen Ordnung zu suchen und dabei auch tradierte Familien- und Männlichkeitsideale auf den Prüfstand stellten. Entscheidend dabei ist, dass sich seit den 1950er Jahren nicht nur sozialdemokratische und linksliberale Fürsprecher der „vaterlosen Gesellschaft" gegen eine patriarchalische Geschlechterordnung aussprachen. Vielmehr fanden sich jetzt immer mehr Kritiker des Patriarchats in kirchlichen Laienorganisationen, einem Milieu, das sich in der Weimarer Republik für die patriarchalische Familie ausgesprochen hatte[5]. Kirchennahe Publikationen wie „Frau und Mutter: Monatsschrift für die katholische Frau in Familie und Beruf" oder das von der katholischen Hauptarbeitsstelle für Männerseelsorge herausgegebene Magazin „Mann in der Zeit" erreichten Auflagen von etwa einer halben Million Exemplaren und fanden eine mit Zeitschriften wie dem „Spiegel", dem „Stern" oder „Quick" vergleichbare Verbreitung[6]. Besonders weit reichte der Einfluss der Kirchen in den öffentlichen Debatten über die Bedeutung der Familie und die Rolle des Vaters sowie in der Familienpolitik des Bundes und der Länder. Daher gilt im Folgenden das Interesse den katholischen, protestantischen oder ökumenischen Familienverbänden

---

[5] Vgl. Rebecca Heinemann, Familie zwischen Tradition und Emanzipation. Katholische und sozialdemokratische Familienkonzeptionen in der Weimarer Republik, München 2004; Klaus Theweleit, Männerphantasien, 2 Bde., Frankfurt a.M. 1977/78; Werner Schubert, Die Stellung der Frau im Familienrecht und in den familienrechtlichen Reformprojekten der Weimarer Republik, in: Ute Gerhard (Hrsg.), Frauen in der Geschichte des Rechts. Von der frühen Neuzeit bis zur Gegenwart, München 1997, S. 828–850; Heidi Rosenbaum, Proletarische Familien. Arbeiterfamilien und Arbeiterväter im frühen 20. Jahrhundert zwischen traditioneller, sozialdemokratischer und kleinbürgerlicher Orientierung, Frankfurt a.M. 1992.
[6] Vgl. Die deutsche Presse 1954. Zeitungen und Zeitschriften, hrsg. vom Institut für Publizistik an der Freien Universität Berlin, Berlin 1954.

und mit den Kirchen verbundenen Familienexperten, seien es Theologen, Psychologen oder Kinderärzte.

Die Kritik am patriarchalischen Familienideal und die damit einhergehende Suche nach neuen Formen der väterlichen Autorität steht in engem Zusammenhang mit der zunächst im In- und Ausland kaum für möglich gehaltenen Renaissance einer demokratischen Kultur in der westdeutschen Nachkriegsgesellschaft. Das demokratische Bewusstsein im Anschluss an die Katastrophe des Nationalsozialismus und des genozidalen Vernichtungskriegs war zunächst schwach. Die Westdeutschen der ersten beiden Nachkriegsdekaden mussten, wie Theodor Heuss früh formulierte, „bei dem Wort Demokratie ganz vorn anfangen im Buchstabieren"[7].

Die Frage, ob, und wenn ja, wie Autorität und Demokratie zu vereinen seien, spielte eine wichtige Rolle in der politischen Kultur der frühen Bundesrepublik, und die Figur des Vaters avancierte zu einem zentralen Symbol in dieser Debatte. Es erscheint zunächst naheliegend, die westdeutsche Fixierung auf die Frage der Autorität als einen Hinweis auf ein Demokratiedefizit und obrigkeitsstaatliche Traditionen zu verstehen, die erst im Zuge der gesellschaftlichen Veränderungen der späten 1960er und frühen 1970er Jahre, also mit „1968", überwunden worden seien. Einer solchen Lesart entgeht jedoch, dass sich die Vorstellung dessen, was Autorität sei und wie diese sich begründe, zwischen den frühen 1950er und den späten 1960er Jahren verschob.

Hatte sich Autorität um 1950 noch häufig an einem Modell von Befehl und Gehorsam orientiert und durch den Verweis auf Tradition legitimiert, betonten seit Mitte der 1950er Jahre immer mehr Zeitgenossen, dass eine demokratische Gesellschaft eine neue Auffassung von Autorität voraussetze, die sich in einem Vertrauensverhältnis zwischen sozial Gleichen legitimiere. So warnte das „Evangelische Soziallexikon", das 1963 in einer grundlegend neubearbeiteten Auflage erschien, davor, Autorität mit Macht zu verwechseln. „Autorität lebt von dem Vertrauen, das ihr entgegengebracht werden kann." Dieses Vertrauen solle „nicht blind geschenkt werden", sondern setze die „kritische Wachsamkeit" voraus, auf die „echte Autorität angewiesen" sei. Daher sei eine solche

---

[7] Theodor Heuss, Um Deutschlands Zukunft, 18.3.1946, in: ders., Aufzeichnungen 1945–1947, aus dem Nachlaß hrsg. und mit einer Einleitung versehen von Eberhard Pikart, Tübingen 1966, S. 184–208, hier S. 207; vgl. auch Karl Markus Michel, Muster ohne Wert. Westdeutschland 1965, in: ders., Die sprachlose Intelligenz, Frankfurt a.M. 1968, S. 63–124, hier S. 72.

Form der Autorität mit dem „Gedanken der Partnerschaft" durchaus vereinbar: „Partnerschaft ist echte Voraussetzung jeder Autorität, nicht etwa nur deren (dialektische) Ergänzung." Partnerschaft wiederum gründe in der „Gleichheit" und „Mündigkeit der Partner" und sei daher mit einer „patriarchalisch-autoritären Ordnung" unvereinbar[8].

Ein Verständnis von Autorität, das eine demokratische Lebensform stärkte, statt sie zu bedrohen, bedeutete einen Bruch mit Definitionen in vergleichbaren Lexika aus der unmittelbaren Nachkriegszeit. Aus diesen weht der kalte Atem des obrigkeitsstaatlichen Untertanengeists, der für körperliche Gewalt gerade gegenüber kleinen Kindern plädiert. Kröners „Wörterbuch der Pädagogik" definierte 1953 Autorität als „das Ansehen von Personen oder unpersönlichen Wertträgern". Sie sei

„als unentbehrlicher Grundsatz der Erziehung und Menschenführung von umso größerem Wert, je mehr sie auf freiwilliger innerer Anerkennung durch den anderen beruht [...]. In der Wirklichkeit geht es jedoch ohne wirksame Unterstützung der Autorität durch äußere Symbole und Zwangsmittel [...] häufig nicht ab. Besonders in der Erziehung kleinerer Kinder können äußere Hilfsmittel vollends nicht entbehrt werden."[9]

Mit diesem Bedeutungswandel von Autorität ging eine bisher kaum untersuchte Zäsur in der Geschichte der Bundesrepublik einher. Dieser Einschnitt zeichnet sich vor allem dann ab, wenn man in Rechnung stellt, dass viele nicht erst in den späten 1960er Jahren, sondern bereits in der Ära Adenauer überzeugt waren, dass der private Raum Anfang und Ende eines demokratischen Gemeinwesens sei. Zwar ist bis heute die Vorstellung verbreitet, die Neue Linke habe sich „1968" vom „Obrigkeitsstaat" Adenauers verabschiedet, nachdem sie erkannt habe, dass die „Befreiung von einer als noch nachlebend wahrgenommenen Vergangenheit" die „Veränderung der Verhaltens- und Handlungsdispositionen des Individuums und der Institutionenstruktur der Gesellschaft" voraussetze[10]. Doch dieser Argumentation entgeht, dass bereits in der Zeit des motorisierten Biedermeier ähnliche Ideen

---

[8] Cornelius Adalbert von Heyl, Autorität, in: Friedrich Karrenberg (Hrsg.), Evangelisches Soziallexikon, Stuttgart 4., vollständig neu bearbeitete Aufl. 1963, Sp. 129 ff.; Heinz-Dietrich Wendland, Partnerschaft, in evangelischer Sicht, in: ebenda, Sp. 960 f.
[9] Autorität, in: Wilhelm Hehlmann (Hrsg.), Wörterbuch der Pädagogik, Stuttgart 4., vollständig neubearbeitete Aufl. 1953, S. 33.
[10] Ingrid Gilcher-Holtey, Die 68er Bewegung. Deutschland, Westeuropa, USA, München 2001, S. 61.

gängige Münze waren. Adolf Schüle etwa betonte 1952, eine Demokratie „auf dem politischen Feld ist nur möglich, wenn sich die Menschen, die in ihr leben, auch in ihren privaten Beziehungen demokratisch verhalten". Andernfalls sei ein demokratisches Gemeinwesen „zum Sterben verurteilt". Laut dem Hauptgeschäftsführer der Mannheimer Industrie- und Handelskammer konnte die Suche nach Demokratie nur dann gelingen, wenn man sich vor Augen führe, dass diese Herrschaftsform sich nicht in einem Regierungssystem erschöpfe, sondern auch eine Frage „der persönlichen Lebensführung [...] sei". Genau das sei auch „der Sinn des bekannten englischen Wortes: democracy begins at home". Zwar ließen sich „diese Dinge nicht im einzelnen oder vollständig beschreiben". Doch wer einmal „die Luft einer wirklichen bis in die letzten Verästelungen des privaten Lebens herabreichenden Demokratie geatmet hat, der wird verstehen können, was gemeint ist"[11].

Schüle sah damit wie viele andere den Grund des Politischen nicht in der Feindschaft oder der Konkurrenz, auch nicht im gemeinen Wohl, sondern im privaten Raum. Daher wird auch verständlich, warum die Abkehr vom „Patriarchat" und die Suche nach einer „mütterlichen" Politik für den politischen Neuanfang in der frühen Bundesrepublik eine so hohe Bedeutung besaß. Theodor Heuss etwa erinnerte 1946 die Deutschen daran, wie sehr sich selbst „Piefke aus Moabit" bis vor kurzem noch als „Herrenmensch und Held" habe fühlen können. Die Nationalsozialisten hätten kein Gespür dafür gehabt, „daß auch das Sanfte Stärke und Größe sein kann". Überkommene Ideale der Männlichkeit und der Vaterschaft wirkten angesichts des katastrophischen Endes des Nationalsozialismus plötzlich befremdlich. Der Weg in die Demokratie sei nur gangbar, wenn sich die Nachkriegsdeutschen einen neuen Politikstil aneigneten, den sie als weiblich oder mütterlich begriffen[12].

Bereits in den 1950er Jahren begannen kirchennahe Familienexperten zu argumentieren, dass ein hierarchisch-autoritärer Begriff des Vaters und eine militaristische Vorstellung von Männlichkeit mit dem Ideal der demokratischen Lebensform unvereinbar seien. Die Suche nach neuen Formen der Vaterschaft galt als eine zentrale Herausforderung in einer Gesellschaft, die sich mit den Folgen des National-

---

[11] Adolf Schüle, Demokratie als politische Form und als Lebensform, in: Rechtsprobleme in Staat und Kirche. Festschrift für Rudolf Smend zum 70. Geburtstag, Göttingen 1952, S. 321–344, hier S. 326 und S. 329.
[12] Heuss, Deutschlands Zukunft, S. 195 (Zitat) und S. 199.

sozialismus und des Militarismus beschäftigen musste. Auch wenn diese Lesarten des Dritten Reichs heute als verkürzt, fragwürdig und vor allem fremd erscheinen, verdeutlichen sie doch, wie intensiv die Öffentlichkeit in der frühen Bundesrepublik die Frage nach den Ursachen von Gewaltherrschaft und Völkermord diskutierte[13]. Den „Mut zur Erziehung" könnten die Väter nicht gewinnen, indem sie sich auf eine „lediglich formale Autorität" beriefen, betonte beispielsweise der Detmolder Pfarrer Heinrich Bödeker in der evangelischen Monatsschrift „Kirche und Mann" im September 1959. Alle Klagen über die „,Jugend von heute'" und alle Sehnsucht „nach ,der guten alten Zeit'" dürften nicht darüber hinweg täuschen, dass viele Väter der jungen Republik „die Erben einer bösen Vergangenheit" seien, die sie „noch selbst mitgestaltet haben". Der Weg zu einer zeitgemäßen Form der väterlichen Autorität und einer Erziehung „für eine sinnvolle Zukunft" bleibe verschlossen, „wenn man seine persönliche oder seines Volkes Vergangenheit mit allerlei Lügen und Ausflüchten [...] zu verbrämen sucht". Vielmehr setze der Mut zur Erziehung den „Mut zur Wahrheit" voraus: „Zur Wahrheit in allen Dingen – auch gegenüber der Vergangenheit."[14]

Ähnliche Überlegungen zirkulierten auch in der katholischen Publizistik. Im Januar 1952 erschien im „Männer-Seelsorger" etwa der Artikel „Demokratie beginnt in der Familie". Väter sollten keinesfalls „nach einseitigem Führerprinzip selbstherrlich entscheiden". In einer Zeit, in der die Westdeutschen nicht mehr in einer „patriarchalischen Gesellschaftsordnung", sondern in einer Demokratie lebten, sei die „patriarchalische Familie [...] nicht mehr zeitgemäß". Stattdessen solle in „der modernen Familie" etwas „vom Geist der guten Demokratie" zu spüren sein[15]. Der „Mann in der Zeit" riet im November 1952 den Vätern, ihre Söhne und Töchter nicht „eiskalt-militärisch" zu behandeln. Eine zeitgemäße Form der väterlichen Autorität sei nicht dadurch

---

[13] Vgl. etwa Friedrich Langenfaß, Dürfen wir die Vergangenheit totschweigen? Der Antisemitismus und seine Früchte, in: Zeitwende 29 (1958), S. 755–762; Friedrich Langenfaß, Der Eichmann-Prozeß und Wir, in: Zeitwende 32 (1961), S. 721–725, sowie die Themenhefte Antisemitismus und Judentum, in: Jungenwacht. Ein Blatt evangelischer Jugend 17 (1957) H.11, und „Der Nationalsozialismus", in: Jungenwacht. Ein Blatt evangelischer Jugend 18 (1958) H.8/9.
[14] Heinrich Bödeker, Kein Mut zur Erziehung?, in: Kirche und Mann 12 (1959) H.9, S.3f., hier S.4.
[15] R. Sailer, Demokratie beginnt in der Familie, in: Der Männer-Seelsorger 2 (1952) H.1, S.23–29, hier S.26.

zu gewinnen, dass man seine Kinder „strammstehen" lasse oder sie im „Kasernenhofton" herumkommandiere. Zwar sei eine gewisse Distanz zwischen Vätern und ihren Kindern ratsam, damit diese zu ihm als einem „Überlegenen" aufschauten, „dem man sich willig unterordnet, weil man im Grunde nicht anders kann". Doch dürfe die „Ehrfurcht" vor dem Vater nicht die Folge eines gleichsam militärischen Gehorsams, sondern Ausdruck „wahrer Achtung und Liebe" sein[16].

Im selben Jahr warnte Karl Borgmann, der Herausgeber der Zeitschrift „Caritas" und eine Schlüsselfigur der katholischen Laienbewegung, dass zu viele Christen weiterhin einem Familienideal anhingen, das „noch allzusehr vergangenen Staatsformen zugewendet ist, in denen der Bürger von oben regiert wurde und fast zur politischen Untätigkeit verurteilt war". Kinder müssten, so der Familienexperte im Januarheft von „Frau und Mutter", von frühauf lernen, „die Freiheit [zu] erfahren und [zu] gebrauchen". Daher dürfe die Familie sich keinesfalls am Ideal der „absoluten Monarchie" oder gar der „Diktatur" orientieren. Wer einer patriarchalischen Erziehung das Wort rede, habe nicht verstanden, dass die für die Verbrechen des Nationalsozialismus Verantwortlichen meist aus „‚geordneten'" Verhältnissen und nicht von den Rändern der Gesellschaft stammten. Väter, die „autoritär [...] und mit handgreiflichen Mitteln" erzögen, seien die Geburtshelfer der nationalsozialistischen Diktatur gewesen. Wer Kinder „immer wieder ungerecht" behandele, müsse damit rechnen, dass diese „als Erwachsene selbst zu Unterdrückern" würden, mahnte Borgmann: „Manche Henker aus den KZ stammten nachweislich aus sogenannten ‚geordneten Familien'"[17].

3. Sanfte Väterlichkeit statt militarisierter Männlichkeit

Zum Vorbild von Millionen westdeutscher Männer und Frauen wurden beschädigte, aber liebevolle Männer, die die Leinwand in den 1950er Jahren bevölkerten. Manchmal tollpatschig, manchmal unbeholfen, bewährten sie sich in der Rolle des sanften Vaters[18]. Manche Filme wie „Wir Wunderkinder" (1958) mit Hans-Jörg Felmy als Urbild des

---

[16] Ehrfurcht vor dem Vater. Mein Sohn sagt „Otto" zu mir, in: Mann in der Zeit 5 (1952) H.11, o.P.
[17] Karl Borgmann, Völker werden aus Kinderstuben. Um die rechte Ordnung in der Familie, in: Frau und Mutter 35 (1952) H.1, S.4f.
[18] Vgl. Fritz Göttler, Westdeutscher Nachkriegsfilm. Land der Väter, in: Wolfgang Jacobsen/Anton Kaes/Hans Helmut Prinzler (Hrsg.), Geschichte des deutschen Films, Stuttgart ²2004, S.167–206.

demokratischen Vaters waren beim Publikum ebenso beliebt wie bei der nationalen und internationalen Filmkritik. Meist handelte es sich aber um rührselige Schmonzetten wie „Vater sein dagegen sehr" (1957) und „Wenn der Vater mit dem Sohne" (1955) mit Heinz Rühmann in der Hauptrolle oder „Vater, Mutter und neun Kinder" (1958) mit Heinz Erhard. In diesen am Massengeschmack orientierten Filmen dominierte das neue Leitbild des sanften Vaters. In „Wenn der Vater mit dem Sohn" wünscht sich der Sohn, man möge noch einmal „auf den Rummel" gehen. Auf die Frage, was der Sohn sich sonst gerne hätte, entfaltet sich der folgende Dialog:

„Sohn: ‚und dass es ganz lustig wird, ist das nicht etwas zu viel?'
Vater: ‚Nein, das geht gerade noch. Mal sehen. Aber jetzt musst du schlafen.'
Sohn: ‚Papi, einen Moment noch!'
Vater: ‚Was willst Du denn noch?'
Sohn: ‚Ich will dich bloß noch ein bisschen liebhaben, weil du so lieb bist.'"

Diese neuen Leitbilder der familialen Männlichkeit und der sanften väterlichen Autorität, die zentral für die Suche nach Demokratie in der frühen Bundesrepublik waren, fanden bald auch Eingang in die Beratungsliteratur über Fragen der Kindererziehung, die sich zunehmend direkt an Väter richtete[19]. Sicherlich bieten diese Texte keine Hinweise darauf, wie oft Väter tatsächlich den Kinderwagen schoben, die Windeln wechselten oder ihre Kinder herzten. Doch angesichts ihrer meist hohen Auflage und der Tatsache, dass sie sich als Ware an dem Geschmack des Publikums orientieren mussten, lassen sie sich als zuverlässige Seismographen der Sehnsüchte nach einer „idealen Familie" begreifen, das heißt als eine imaginäre Familienwirklichkeit, die kaum weniger „real" war als der Familienalltag[20].

Die Broschüre „Ohne Vater geht es nicht", die katholische Männer in den Bistümern Münster und Essen 1961 während der Fastenerziehungswoche erhielten, ermahnte die Leser nicht nur, weniger Zeit bei der Arbeit, in der Kneipe oder im Fußballstadion zu verbringen.

---

[19] Vgl. Markus Höffer-Mehlmer, Elternratgeber. Zur Geschichte eines Genres, Baltmannsweiler 2003, S. 227–235.
[20] John R. Gillis, Mythos Familie. Auf der Suche nach der eigenen Lebensform, Weinheim 1997, S. 11; Paul Ginsborg, Family Politics. Domestic Life, Devastation and Survival, 1900–1950, New Haven 2014; Roger Chartier, Die Welt als Repräsentation, in: Matthias Middell/Steffen Sammler (Hrsg.), Alles Gewordene hat Geschichte. Die Schule der Annales in ihren Texten 1929–1992, Leipzig 1994, S. 320–347, hier S. 336.

Darüber hinaus erhielten sie den Rat, bereits die Geburt des Kindes mitzuerleben, um eine „innige Beziehung" zum Kleinkind zu „entwickeln". Väter sollten zudem auf „abendliche Strafgerichte" verzichten. Wer glaube, mit Strafen und Schlägen erziehen zu können, werde „bald das Vertrauen seines Kindes verlieren"[21]. Kurz darauf, im Mai 1961, lobte die Zeitschrift „Zwischen Dom und Zechen", eine Beilage zur Monatsschrift „Mann in der Zeit", das Buch „Gute Väter – frohe Kinder" als „eine schöne Sammlung von Skizzen über die Vaterwelt"[22]. Im Mittelpunkt des Buchs stand eine Fotoreportage über einen „Männer Säuglingspflege-Kurs", den der Samariterverein Zürich-Hard veranstaltet hatte. Es sei wichtig, kommentierte der Herausgeber, dass die Väter lernten, wie „sie an einem freien Samstag oder Sonntag den Haushalt ohne größere Katastrophen durchbringen" können, „wenn die Frau ihre Besuchspflichten bei den Verwandten erfüllen will"[23]. Viele Abbildungen freilich beeindrucken mehr als eine gekonnte Inszenierung von bürgerlicher Respektabilität, denn als Ikonografie sanfter Väterlichkeit. Manche Fotografien wecken zudem Zweifel, inwieweit selbst fortschrittliche katholische Männer bereit waren, sich im Familienalltag an der Sorge um die Säuglinge zu beteiligen: Zwei der vier Männer etwa, die das Wechseln einer Windel übten, hatten einen Mundschutz angelegt.

Dass diese Ikonografie sanfter Väterlichkeit vor dem Hintergrund der Bildästhetik des frühen 21. Jahrhunderts eher Anlass zum Schmunzeln gibt, darf nicht den Blick darauf verstellen, welch hohe politische Bedeutung Familienexperten in den 1950er und frühen 1960er Jahren den Bildwirklichkeiten der neuen väterlichen Autorität zuwiesen. Vor allem im Genre der „Lichtbildreihe", dem damaligen pädagogischen Leitmedium, finden sich Hinweise darauf, wie sehr den Autoren daran lag, die politische Botschaft des neuen Vaterbilds festzuschreiben. Wer die von Rudolf Rüberg 1964 für die Erwachsenen- und Jugendbildung sowie den Schulunterricht zusammengestellte Bildserie „Vater – oder Familienfunktionär?" zeigte, griff auf einen Begleittext zurück, mit

---

[21] Hansmartin Lochner/Robert Svoboda (Hrsg.), Ohne Vater geht es nicht, o.O. [Hamm] 1961, S. 4. „Gewiß", fuhr der Ratgeber fort, „Strafen müssen sein, aber Schläge sind nur bei wirklich schwerwiegenden Übeltaten angebracht" (ebenda, S. 4).
[22] Der wiederkehrende Vater, in: Zwischen Dom und Zechen. Beilage zum „Mann in der Zeit", Mai 1961.
[23] Karl P. Lukaschek (Hrsg.), Gute Väter – frohe Kinder, o.O. [Münster] o.J. [1961], S. 32–35, hier S. 32.

dem der katholische Familienexperte die Deutung der gut 40 Dias mit je etwa halbseitigen Erläuterungen zu beeinflussen suchte. Wie viele seiner Zeitgenossen ging Rüberg davon aus, dass die „Frage nach dem Vater" zu den „brennenden Fragen" der Gegenwart geworden sei. Da einerseits das „Vaterbild des Patriarchalismus" überholt, andererseits kein „neues Vaterbild" in Sicht sei, hoffte er, „Konturen sichtbar" machen zu können, „die vielleicht zu einem solchen Bild gehören"[24].

Die Bilder arrangierte Rüberg thematisch: Auf den Abschnitt „Die abwesenden Väter" folgte das Kapitel „Vater – Außenseiter der Familie", dann „Kleines Rad im komplizierten Weltgetriebe", „Keine richtigen Männer mehr?" und der Abschnitt „Angst vor der Verantwortung". Diese Krisendiagnose kulminierte in der Bildersequenz „Fehlende väterliche Autorität" mit einer Fotografie exerzierender Soldaten als Auftakt, die Rüberg als „Bild 28: (Kasernenhofdrill)" identifizierte. 20 Jahre nach der Apokalypse eines katastrophischen Militarismus diente diese Inszenierung soldatischer Männlichkeit laut Rübergs Begleittext als Warnung, dass man Autorität „keineswegs" mit dem „Recht des Stärkeren oder einer Befehlsgewalt" verwechseln dürfe, „die den ihr unterworfenen Menschen zu allen, auch zu entwürdigenden Handlungen zwingen kann". Dieser Hinweis sei umso dringlicher, als in der jüngeren Vergangenheit „viele Menschen mit einer mißbrauchten, also einer falschen Autorität böse Erfahrungen gemacht" hätten.

Das buchstäbliche Gegenbild zum „Kasernenhofdrill" stand im Mittelpunkt der nächsten Bildersequenz „Wiedergeburt des Vaters?", in der Rüberg Wege aus der Krise der väterlichen Autorität weisen wollte. Mit „Bild 37: (Vater mit Kinderwagen)" erfährt die Lichtbildreihe ihre entscheidende Wende, die Rüberg unter Rückgriff auf die Semantik der demokratischen Vaterschaft im Begleitheft kommentierte:

„Wer ganz genau und lange genug hinsieht, entdeckt etwas Neues an den Vätern, vornehmlich an den jungen Vätern – einen Zug, der nicht besser sein könnte, mag er sich auch noch spärlich zeigen. Früher galt einmal die Regel, dass der Vater zwar seine Kinder lieben solle, es ihnen aber keineswegs zeigen dürfe. Da scheint etwas anders zu werden. [...] Damit gewinnt das Verhältnis des Vaters zu seinen Kindern neue Grundlagen: Liebe und Vertrauen statt bloßer Macht und Furcht. Das aber, die Liebe des Vaters und das Vertrauen des Kindes, sind Grundvoraussetzungen für die Erziehung. Und eben das wurde als Kern eines neuen Autoritätsverständnisses bezeichnet."

---

[24] Rudolf Rüberg, Vater oder Familienfunktionär? Lichtbildreihe zum Thema „Ehe und Familie", München 1964, S. 3; die folgenden Zitate finden sich ebenda, S. 16 und S. 19.

Diese familiale Errettung der Männlichkeit in den 1950er Jahren ging einher mit der Wiedergeburt des Ideals des spielenden Vaters, das von etwa 1820 bis 1880 im Mittelpunkt von bürgerlichen Vorstellungen der gelungenen Vaterschaft gestanden hatte[25]. Die erste Ausgabe der Monatsschrift „Unsere Welt", eine konfessionsübergreifende Publikation des Deutschen Familienverbands, vom November 1955 etwa lobte einen Wettbewerb um die schönste Fotografie aus, die den „Vater als Spielgefährte[n]" zeigte[26]. Die preisgekrönten Bilder waren ebenso widersprüchlich wie die Fotografien des Zürcher „Männer Säuglingspflege-Kurses". Die Insignien bürgerlicher Respektabilität wie der Anzug, das weiße Hemd und die dunkle Krawatte waren ebenso wichtig wie die Inszenierung von emotionaler Nähe und sanfter Männlichkeit. Bemerkenswerterweise erhielt die Siegprämie jedoch das Bild Helmut Hübers aus Stuttgart, der sich darüber zu amüsieren schien, dass er seinen fünf Kindern in einer Kissenschlacht unterlegen war[27]. Für ein neues Ideal des sanften Vaters war typisch, dass die Zeitschrift des Deutschen Familienverbands die männliche Leserschaft ermunterte, sich ihrer Mannhaftigkeit in einer Kissenschlacht mit ihren Kindern, statt in einem Vernichtungskrieg zu versichern.

4. Demokratische Vaterschaft und sanfte Männlichkeit in der liberalen Republik

Es wäre zweifellos leicht, die Grenzen des Leitbilds der „demokratischen Vaterschaft" in der frühen Bundesrepublik aufzuzeigen[28]. Unter den genannten Familienexperten gingen alle davon aus, ausschließ-

---

[25] Vgl. Stephen M. Frank, Life with Father. Parenthood and Masculinity in the Nineteenth-Century American North, Baltimore 1998; Rebekka Habermas, Frauen und Männer des Bürgertums. Eine Familiengeschichte 1750–1850, Göttingen 2000.
[26] Unser Photo-Wettbewerb. Vater als Spielgefährte, in: Unsere Welt 1 (1955) H.1, S.3.
[27] Vater als Spielgefährte, in: Unsere Welt 2 (1956) H. 3, S. 3. Die anderen Bilder erschienen in einer späteren Ausgabe: Vater spielt mit!, in: Unsere Welt 2 (1956) H.6, S.4f.
[28] Vgl. Sonya Michel, American Women and the Discourse of the Democratic Family in World War II, in: Margaret R. Higonnet u.a. (Hrsg.), Behind the Lines. Gender and the Two World Wars, New Haven/London 1987, S.154–167. Typisch für die Grenzen der gängigen pro-emanzipatorischen Argumente: Walter Dirks, Soll er ihr Herr sein? Die Gleichberechtigung der Frau und die Reform des Familienrechts, in: Frankfurter Hefte 7 (1952), S.825–837, insbesondere S.835.

lich ein verheirateter und heterosexueller Mann könne ein guter Vater sein. Einig war man sich auch darüber, dass ein Vater bestenfalls eine Teilzeitrolle bei der Sorge um und der Pflege von Babys und Kleinkindern übernehmen solle, da primär Mütter für die Kindererziehung und den Haushalt zuständig seien. Selbst jene, die sich dafür einsetzten, dass auch Mütter das Recht hätten, einem Beruf nachzugehen, betonten, für den Unterhalt der Familie sei zunächst der Vater verantwortlich. In jedem Fall wären wir schlecht beraten, den Anspruch der Familienexperten, dass sie sich für Formen der väterlichen Autorität jenseits des Patriarchats einsetzten, mit einem Plädoyer für die umfassende Gleichberechtigung von Mann und Frau zu verwechseln.

Festzuhalten bleibt jedoch, dass sogar konservative Stimmen in den 1950er und frühen 1960er Jahren für neue Formen der väterlichen Autorität plädierten, statt für eine Restauration des Vaters als Familienpatriarchen einzutreten. Aber auch wenn dieses neue Leitbild einer sanfteren und liebevolleren Vaterschaft Teil einer patriarchalischen Geschlechterordnung blieb, war diese weniger hierarchisch als christliche Versionen des Patriarchats in der Zwischenkriegszeit. Momente eines Patriarchats mit menschlichem Antlitz mischten sich mit einem emphatischen Begriff der Gleichberechtigung von Mann und Frau. Katholische und protestantische Experten warben für eine neue gefühlsbetonte Form der väterlichen Autorität, die sich vor allem auf das Vertrauen der Kinder stützte, und ein neues Leitbild der Familie, in dem Väter eine aktive Rolle bei der Erziehung nicht nur von Jugendlichen, sondern auch von Babys und Kleinkindern spielen sollten.

Damit soll nicht behauptet werden, dass Karl Borgmann oder andere linke Katholiken, die einen Familienbegriff ablehnten, den sie als patriarchalisch verwarfen, typisch für christliche Milieus in der frühen Bundesrepublik waren. Trotz ihrer Randständigkeit lösten die Fürsprecher einer neuen Väterlichkeit jedoch seit Mitte der 1950er Jahre auch unter der Mehrheit der Katholiken eine wachsende Unruhe aus, die mit dem Bedeutungszuwachs von Laien im Umfeld der katholischen und protestantischen Kirche einherging[29]. Zweifellos stießen solche Versuche, patriarchalische Strukturen in Frage zu stellen und ein

---

[29] Kimba Allie Tichenor, Religious Crisis and Civic Transformation. How Conflicts over Gender and Sexuality Changed the West German Catholic Church, Waltham 2016; Lukas Rölli-Allkemper, Familie im Wiederaufbau. Katholizismus und bürgerliches Familienideal in der Bundesrepublik Deutschland 1945–1965, Paderborn u.a. 2000.

egalitäreres Geschlechterverhältnis zu verwirklichen, angesichts der fortdauernden wirtschaftlichen Diskriminierung von Frauen und der maternalistischen Sozialpolitik an ihre Grenzen. Darüber darf aber nicht aus dem Blick geraten, dass die Vordenker der sanften Väterlichkeit seit etwa 1950 Forderungen erhoben, die eine nachfolgende Generation der Feministinnen seit Ende der 1960er Jahr aufgreifen konnte.

Blickt man allein auf die Versuche der CDU-geführten Bundesregierung und der katholischen Bischöfe, über das Familien- und Eherecht das Ideal einer naturrechtlich begründeten Hierarchie der Geschlechter als Rechtsnorm festzuschreiben, übersieht man die religiöse und politische Dynamik der Diskussion über die Frage der väterlichen Autorität. Das Leitbild der „demokratischen Familie" gehört in jenen Zusammenhang, den man als den Aufstieg der Demokratie als Lebensform begreifen könnte. Zu denken ist hier auch an ähnliche moralgeschichtliche Veränderungen: Die Haltung gegenüber der vor- und außerehelichen Sexualität liberalisierte sich ebenso wie die Einstellung gegenüber berufstätigen und alleinerziehenden Müttern. Auch der Traum der neuen Väterlichkeit war Teil einer Vision einer egalitäreren Geschlechterordnung, in der Frauen und Männer Familie und Beruf miteinander vereinbaren können sollten.

Damit war die Sehnsucht nach einer sanfteren und liebevolleren Vaterschaft ein zentraler Ort, an dem sich die junge Bundesrepublik darüber verständigte, wie das Verhältnis von Autorität und Demokratie zu bestimmen sei. Aus der hohlen Phrase Demokratie, die, wie zahlreiche Kenner der politischen Kultur der unmittelbaren Nachkriegszeit geklagt hatten, dazu diente, die moralischen Abgründe der Nachkriegsjahre zu verdecken, wurde in den 1950er Jahren ein mit Inhalt und Leben gefüllter Leitbegriff der politischen Sprache. Zugleich trug die Rede von neuen Formen der väterlichen Autorität entscheidend dazu bei, dass die Bundesbürger sich vom Nationalsozialismus und Militarismus und dem damit verbundenen militaristischen Männlichkeitsideal verabschiedeten und dass sie den Weg in eine demokratische Gesellschaft fanden.

Abkürzungen

AHR	American Historical Review
APO	Außerparlamentarische Opposition
APuZ	Aus Politik und Zeitgeschichte
BArch	Bundesarchiv
BVG	Bundesversorgungsgesetz
CDU	Christlich-Demokratische Union
CEH	Central European History
DDR	Deutsche Demokratische Republik
DVS	Deutscher Versehrtensportverband
EVG	Europäische Verteidigungsgemeinschaft
FDJ	Freie Deutsche Jugend
FDP	Freie Demokratische Partei
GuG	Geschichte und Gesellschaft
GYA	German Youth Activities
KBLG	Körperbeschädigten-Leistungsgesetz
KZ	Konzentrationslager
KZfSS	Kölner Zeitschrift für Soziologie und Sozialpsychologie
LKA	Landeskriminalamt
MA	Militärarchiv
MGZ	Militärgeschichtliche Zeitschrift
NARA	National Archives and Records Administration
NATO	North Atlantic Treaty Organization
NPL	Neue Politische Literatur
NRW	Nordrhein-Westfalen
NS	Nationalsozialismus, nationalsozialistisch
NSDAP	Nationalsozialistische Deutsche Arbeiterpartei
RG	Record Group
RGBl.	Reichsgesetzblatt
SBZ	Sowjetische Besatzungszone
SED	Sozialistische Einheitspartei Deutschlands
SPD	Sozialdemokratische Partei Deutschlands
SS	Schutzstaffel
StAHH	Staatsarchiv der Freien und Hansestadt Hamburg
StAM	Staatsarchiv München
StGB	Strafgesetzbuch
US(A)	United States (of America)
vBS	von Bodelschwinghsche Stiftungen
VdK	Verband der Kriegsbeschädigten, Kriegshinterbliebenen und Sozialrentner Deutschlands
VfZ	Vierteljahrshefte für Zeitgeschichte
ZSR	Zeitschrift für Sozialreform

Autorinnen und Autoren

Friederike Brühöfener, PhD, Assistant Professor an der University of Texas at Rio Grande Valley.

Dr. Stefanie Coché, Akademische Rätin am Historischen Institut der Justus-Liebig-Universität Gießen.

Dr. Noyan Dinçkal, Professor für Europäische Wissens- und Kommunikationsgeschichte der Moderne an der Universität Siegen.

Dr. Benno Gammerl, wissenschaftlicher Mitarbeiter am Max-Planck-Institut für Bildungsforschung in Berlin.

Dr. Bernhard Gotto, wissenschaftlicher Mitarbeiter am Institut für Zeitgeschichte München – Berlin.

Dr. Till van Rahden, Professor und Inhaber des Canada Research Chair in German and European Studies, Université de Montréal.

Nadine Recktenwald, M.A., Doktorandin am Institut für Zeitgeschichte München – Berlin.

Dr. Britta-Marie Schenk, wissenschaftliche Mitarbeiterin am Historischen Seminar der Christian-Albrechts-Universität zu Kiel.

Dr. Sabine Schleiermacher, wissenschaftliche Mitarbeiterin und Leiterin des Forschungsschwerpunkts Zeitgeschichte der Medizin, Institut für Geschichte der Medizin und Ethik in der Medizin, sowie Professorin für Geschichte, Theorie und Ethik der Medizin an der Charité Berlin.

Sebastian Schlund, M.A., wissenschaftlicher Koordinator im Verbundprojekt des Collegium Philosophicum „Intersektionalität interdisziplinär" der Christian-Albrechts-Universität zu Kiel.

Dr. Michael Schwartz, wissenschaftlicher Mitarbeiter am Institut für Zeitgeschichte München – Berlin, apl. Professor für Neuere und Neueste Geschichte an der Westfälischen Wilhelms-Universität Münster.

Dr. Elke Seefried, Dipl.-Betriebswirtin (FH), Zweite Stellvertretende Direktorin des Instituts für Zeitgeschichte München – Berlin und Professorin für Neueste Geschichte an der Universität Augsburg.

www.ingramcontent.com/pod-product-compliance
Lightning Source LLC
Chambersburg PA
CBHW030859170426
43193CB00009BA/678